हॉलीवुड की रंगीन दुनिया : रंगिन हसीना के साथ, सबसे उत्तेजक अभिनेता और अभिनेत्रियाँ और उनकी अनोखी कहानी

डॉ. रामचंद्र नाथ शर्मा

मेरे सभी पाठकों और फिल्म प्रेमियों को

क्रम-सूची

प्रस्तावना

हॉलीवुड, जिसे टिनसेल्टाउन भी कहा जाता है, लॉस एंजिल्स, कैलिफोर्निया, यू.एस. शहर के भीतर जिला, जिसका नाम अमेरिकी फिल्म उद्योग का पर्याय है। 1908 में पहली कहानी कहने वाली फिल्मों में से एक, द काउंट ऑफ मोंटे क्रिस्टो, हॉलीवुड में इसके फिल्मांकन के बाद पूरी हुई थी। शिकागो में शुरू हुआ था। जैसे-जैसे समय बीतता गया यह पूरी दुनिया के लिए आकर्षण का केंद्र बनता गया। विभिन्न फिल्म उद्योगों का नाम होलीवलड के नाम पर रखा गया है। मार्लन ब्रैंडो, अल पचीनो, लियोनार्डो डि कैप्रियो, केट विंसलेट, मुनरो, किम कार्दशियन, स्कारलेट जोहानसन, गेल गैडोट आदि जैसे सर्वश्रेष्ठ अभिनेताओं और हसीन अभिनेत्रियों के साथ हॉलीवुड की इस अद्भुत दुनिया को पढ़ें और खुद रोमांच प्राप्त करें।

भूमिका

हॉलीवुड हर किसी के सपनों का देश है। पृथ्वी पर असली अप्सरा मर्लिन मुनरो या स्त्री सौंदर्य की प्रतिमूर्ति स्कारलेट जोहानसन को कौन नहीं जानता? दुनिया की सबसे खूबसूरत महिला कौन हो सकती है, इसके लिए हर किसी का अपना उम्मीदवार होता है, और हालांकि दुनिया की हर महिला सुंदर है, इस बात से इनकार करना असंभव है कि ये महिलाएं दुनिया की सबसे खूबसूरत महिलाओं की सूची में शामिल नहीं हैं। सूचियों की बात करें तो, हमने एक सूची बनाने और दुनिया की सबसे खूबसूरत महिलाओं को दिखाने का फैसला किया। ये महिलाएं कितनी खूबसूरत हैं, इसके लिए तैयार रहें क्योंकि इसमें कोई शक नहीं है कि ये महिलाएं इस दुनिया में सबसे खूबसूरत हैं।

पावती (स्वीकृति)

मेरा परिवार

आमुख

हॉलीवुड: शायद दुनिया में कोई और जगह शो-बिजनेस जादू और ग्लैमर की समान हवा नहीं देती है। हॉलीवुड की किंवदंती 20 वीं शताब्दी की शुरुआत में शुरू हुई और इतिहास और नवाचार में समृद्ध आधुनिक अमेरिकी समाज की पहचान है।

1

हॉलीवुड: जादू का एक छोटा इतिहास

फिल्मों और चलचित्रों की उत्पत्ति 1800 के दशक के अंत में शुरू हुई, "मोशन टॉयज" के आविष्कार के साथ, जो आंख को चकमा देने के लिए डिज़ाइन किया गया था ताकि त्वरित उत्तराधिकार में स्थिर फ़्रेमों के प्रदर्शन से गति का भ्रम देखा जा सके, जैसे कि थूमैट्रोप और ज़ोएट्रोप। पहली फिल्म 1872 में, एडवर्ड मुयब्रिज ने एक रेसट्रैक पर बारह कैमरों को रखकर और उनके लेंस के सामने एक घोड़े को पार करते हुए त्वरित अनुक्रम में शॉट्स कैप्चर करने के लिए कैमरों में हेराफेरी करके पहली फिल्म बनाई। मोशन फोटोग्राफी के लिए पहली फिल्म का आविष्कार 1885 में जॉर्ज ईस्टमैन और विलियम एच। वॉकर द्वारा किया गया था, जिसने मोशन फोटोग्राफी को आगे बढ़ाने में योगदान दिया। इसके तुरंत बाद, भाइयों अगस्टे और लुई लुमियर ने सिनेमैटोग्राफ नामक एक हाथ से क्रैंक की गई मशीन बनाई, जो चित्रों को कैप्चर कर सकती थी और प्रोजेक्ट अभी भी त्वरित उत्तराधिकार में फ्रेम कर सकती थी।

1900 के दशक की फिल्में

1900 का दशक फिल्म और चलचित्र प्रौद्योगिकी के लिए महान प्रगति का समय था। संपादन, पृष्ठभूमि और दृश्य प्रवाह में अन्वेषण ने महत्वाकांक्षी फिल्म निर्माताओं को नए रचनात्मक क्षेत्र में धकेलने के लिए प्रेरित किया। इस समय के दौरान बनाई गई सबसे शुरुआती और सबसे प्रसिद्ध फिल्मों में से एक द ग्रेट ट्रेन रॉबरी थी, जिसे एडविन एस पोर्टर द्वारा 1903 में बनाया गया था। 1905 के आसपास, "निकेलोडियन", या 5-प्रतिशत मूवी थिएटर, जनता के लिए फिल्में देखने का एक आसान और सस्ता तरीका पेश करने लगे। निकलोडियन ने फिल्म उद्योग को

1920 के दशक में फिल्म की सार्वजनिक अपील को बढ़ाकर और फिल्म निर्माताओं के लिए अधिक धन उत्पन्न करने में मदद की, साथ ही प्रथम विश्व युद्ध के प्रचार के लिए थिएटरों के व्यापक उपयोग के साथ। प्रथम विश्व युद्ध की समाप्ति ने संयुक्त राज्य

अमेरिका को एक सांस्कृतिक उछाल की ओर अग्रसर किया, एक नया उद्योग केंद्र बढ़ रहा था: हॉलीवुड, अमेरिका में चलचित्रों का घर। 1910 का हॉलीवुड उद्योग के मिथक के अनुसार, हॉलीवुड में बनी पहली फिल्म 1914 में सेसिल बी. डेमिल की द स्क्वॉ मैन थी, जब इसके निर्देशक ने लॉस एंजिल्स में शूटिंग करने का अंतिम समय तय किया था, लेकिन ओल्ड कैलिफोर्निया में, डीडब्ल्यू ग्रिफिथ की एक पूर्व फिल्म को पूरी तरह से फिल्माया गया था। 1910 में हॉलीवुड का गांव। इस अवधि के उल्लेखनीय अभिनेताओं में चार्ली चैपलिन शामिल हैं। 1919 तक, "हॉलीवुड" अमेरिकी सिनेमा के चेहरे में बदल गया था और सभी ग्लैमर इसे मूर्त रूप देने के लिए आएंगे। 1920 का हॉलीवुड 1920 का दशक था जब फिल्म उद्योग "मूवी स्टार" के जन्म के साथ-साथ वास्तव में फलने-फूलने लगा। हर साल सैकड़ों फिल्में बनने के साथ, हॉलीवुड एक अमेरिकी ताकत का उदय था। अकेले हॉलीवुड को लॉस एंजिल्स के बाकी हिस्सों से अलग एक सांस्कृतिक प्रतीक माना जाता था, जो अवकाश, विलासिता और बढ़ते "पार्टी दृश्य" पर जोर देता था। इस युग में फिल्म उद्योग में दो प्रतिष्ठित भूमिकाओं का उदय भी देखा गया: निर्देशक और स्टार। निर्देशकों को अपनी फिल्मों के निर्माण में व्यक्तिगत शैलियों का उपयोग करने और ट्रेडमार्क करने के लिए अधिक मान्यता प्राप्त होने लगी, जो पहले इतिहास में फिल्म निर्माण तकनीक की सीमाओं के कारण संभव नहीं था। इसके अतिरिक्त, बड़े पर्दे से चेहरों को महत्व देने के लिए अमेरिकी रुझानों में प्रचार और बदलाव में वृद्धि के कारण फिल्म सितारों को अधिक प्रसिद्ध और कुख्याति प्राप्त होने लगी। वार्नर ब्रदर्स प्रोडक्शंस के सह-संस्थापक सैम वार्नर (बाएं) और जैक वार्नर (दाएं) जो मार्क्स, फ्लोरेंस गिल्बर्ट, आर्ट क्लेन और मॉटी बैंक्स के साथ 1920 के दशक में संयुक्त राज्य अमेरिका में पहले फिल्म स्टूडियो की स्थापना भी हुई। 4 अप्रैल, 1923 को, चार भाइयों, हैरी, अल्बर्ट, सैम और जैक वार्नर ने आधिकारिक तौर पर अपनी कंपनी वार्नर ब्रदर्स पिक्चर्स को शामिल करने के लिए हैरी के बैंकर द्वारा उधार लिए गए धन का उपयोग किया।

1930 का हॉलीवुड द जैज़ सिंगर - ध्वनि के साथ पहली फिल्म 1930 के दशक को हॉलीवुड का स्वर्ण युग माना जाता था, जिसमें 65% अमेरिकी आबादी साप्ताहिक आधार पर सिनेमा में भाग लेती थी। फिल्म इतिहास में एक नए युग की शुरुआत इस दशक में ध्वनि से फिल्म की दिशा में उद्योग-व्यापी आंदोलन के साथ हुई, जिसमें लॉरेंस ओलिवियर जैसे सितारों के साथ एक्शन, संगीत, वृत्तचित्र, सामाजिक बयान फिल्में, कॉमेडी, पश्चिमी और डरावनी फिल्में जैसी नई शैलियों का निर्माण हुआ। , शर्ली टेम्पल, और निर्देशक जॉन फोर्ड तेजी से प्रसिद्धि की ओर बढ़ रहे हैं। मोशन पिक्चर्स में ऑडियो ट्रैक्स के उपयोग ने एक नया दर्शक गतिशील बनाया और आगामी द्वितीय विश्व युद्ध में हॉलीवुड के उत्तोलन की शुरुआत की।

1940 का हॉलीवुड द एडवेंचर्स ऑफ टॉम सॉयर हॉलीवुड स्टूडियो द्वारा निर्मित पहली फीचर-लेंथ रंगीन फिल्म थी। 1940 की शुरुआत अमेरिकी फिल्म उद्योग के लिए एक

कठिन समय था, खासकर जापानियों द्वारा पर्ल हार्बर पर हमले के बाद। हालांकि, विशेष प्रभाव, बेहतर ध्वनि रिकॉर्डिंग गुणवत्ता, और रंगीन फिल्म के उपयोग की शुरुआत जैसी प्रौद्योगिकी में प्रगति के कारण उत्पादन में एक पलटाव देखा गया, इन सभी ने फिल्मों को और अधिक आधुनिक और आकर्षक बना दिया। अन्य सभी अमेरिकी उद्योगों की तरह, फिल्म उद्योग ने द्वितीय विश्व युद्ध को उत्पादकता में वृद्धि के साथ प्रतिक्रिया दी, जिससे युद्धकालीन चित्रों की एक नई लहर पैदा हुई। युद्ध के दौरान, हॉलीवुड प्रचार, वृत्तचित्र, शैक्षिक चित्र, और युद्ध के समय की आवश्यकता के बारे में सामान्य जागरूकता पैदा करके अमेरिकी देशभक्ति का एक प्रमुख स्रोत था। 1946 में थिएटर में उपस्थिति और कुल मुनाफे में सर्वकालिक उच्च स्तर देखा गया। 1950 का हॉलीवुड द वाइल्ड वन में मार्लन ब्रैंडो की भूमिका ने 1950 के दशक के दौरान हॉलीवुड की नई भूमिकाओं में बदलाव का उदाहरण दिया

1950 का दशक अमेरिकी संस्कृति और दुनिया भर में अत्यधिक परिवर्तन का समय था। युद्ध के बाद के संयुक्त राज्य अमेरिका में, औसत परिवार संपन्नता में वृद्धि हुई, जिसने नए सामाजिक रुझान, संगीत में प्रगति, और पॉप संस्कृति का उदय - विशेष रूप से टेलीविजन सेटों की शुरुआत की। 1950 तक, अनुमानित 10 मिलियन घरों में एक टेलीविजन सेट का स्वामित्व था। जनसांख्यिकी में बदलाव ने फिल्म उद्योग के लक्षित बाजार में बदलाव किया, जिसने अमेरिकी युवाओं के उद्देश्य से सामग्री बनाना शुरु किया। पात्रों के पारंपरिक, आदर्शीकृत चित्रण के बजाय, फिल्म निर्माताओं ने विद्रोह और रॉक एंड रोल की कहानियां बनाना शुरु कर दिया। इस युग में जेम्स डीन, मार्लन ब्रैंडो, एवा गार्डनर और मर्लिन मुनरो जैसे "एजियर" सितारों द्वारा निभाए गए गहरे कथानक वाली फिल्मों और पात्रों का उदय हुआ। टेलीविज़न की अपील और सुविधा के कारण मूवी थिएटर में उपस्थिति में भारी गिरावट आई, जिसके परिणामस्वरूप कई हॉलीवुड स्टूडियो को पैसा गंवाना पड़ा। समय के अनुकूल होने के लिए, हॉलीवुड ने टीवी के लिए फिल्म का निर्माण शुरु किया ताकि वह पैसा कमा सके जो वह सिनेमाघरों में खो रहा था। इसने टेलीविजन उद्योग में हॉलीवुड के प्रवेश को चिह्नित किया।

1960 का हॉलीवुड द साउंड ऑफ़ म्यूज़िक 1960 के दशक की सबसे अधिक कमाई करने वाली फिल्म थी, जिसने $163 मिलियन से अधिक की कमाई की 1960 के दशक ने सामाजिक परिवर्तन के लिए एक बड़ा धक्का देखा। इस समय के दौरान फिल्में मस्ती, फैशन, रॉक एन रोल, नागरिक अधिकारों के आंदोलनों जैसे सामाजिक बदलाव और सांस्कृतिक मूल्यों में बदलाव पर केंद्रित थीं। यह अमेरिका और उसकी संस्कृति के बारे में दुनिया की धारणा में बदलाव का भी समय था, जो बड़े पैमाने पर वियतनाम युद्ध और सरकारी सत्ता में निरंतर बदलाव से प्रभावित था। 1963 फिल्म निर्माण में सबसे धीमा वर्ष था; लगभग 120 फिल्में रिलीज़ हुईं, जो 1920 के बाद से किसी भी वर्ष की तुलना में कम थी। उत्पादन में यह गिरावट टेलीविजन के खिंचाव के कारण कम मुनाफे के कारण हुई।

इसके बजाय फिल्म कंपनियों ने अन्य क्षेत्रों में पैसा कमाना शुरू कर दिया: संगीत रिकॉर्ड, टीवी के लिए बनाई गई फिल्में, और टीवी श्रृंखला का आविष्कार। इसके अतिरिक्त, सिनेमा के लिए अधिक संरक्षक आकर्षित करने के प्रयास में, औसत फिल्म टिकट की कीमत केवल एक डॉलर तक कम कर दी गई थी। 1970 तक, इसने फिल्म उद्योग में एक अवसाद का कारण बना जो पिछले 25 वर्षों में विकसित हो रहा था। कुछ स्टूडियो अभी भी जीवित रहने के लिए संघर्ष कर रहे हैं और नए तरीकों से पैसा कमाया है, जैसे कि फ्लोरिडा के डिज्नी वर्ल्ड जैसे थीम पार्क। वित्तीय संघर्षों के कारण, राष्ट्रीय कंपनियों ने कई स्टूडियो खरीदे। हॉलीवुड का स्वर्ण युग समाप्त हो गया था।

1970 का हॉलीवुड 1975 में, जॉज़ 260 मिलियन डॉलर की चौंका देने वाली कमाई करते हुए, अब तक की सबसे अधिक कमाई करने वाली फिल्म बन गई। वियतनाम युद्ध पूरे जोरों पर होने के साथ, 1970 का दशक अमेरिकी संस्कृति के भीतर मोहभंग और हताशा के सार के साथ शुरू हुआ। हालाँकि हॉलीवुड ने अपना सबसे कम समय देखा था, 1960 के दशक के अंत में, भाषा, लिंग, हिंसा और अन्य मजबूत विषयगत सामग्री पर प्रतिबंधों में बदलाव के कारण 1970 के दशक में रचनात्मकता की भीड़ देखी गई। अमेरिकी प्रतिसंस्कृति ने हॉलीवुड को नए वैकल्पिक फिल्म निर्माताओं के साथ अधिक जोखिम लेने के लिए प्रेरित किया। 1970 के दशक के दौरान हॉलीवुड का पुनर्जन्म उच्च-क्रिया और युवा-उन्मुख चित्र बनाने पर आधारित था, जिसमें आमतौर पर नई और चमकदार विशेष प्रभाव तकनीक होती है। जॉज़ और स्टार वार्स जैसी फिल्मों की तत्कालीन चौंकाने वाली सफलता के साथ हॉलीवुड की वित्तीय परेशानी कुछ हद तक कम हो गई, जो फिल्म इतिहास (उस समय) में सबसे ज्यादा कमाई करने वाली फिल्में बन गईं। इस युग में वीएचएस वीडियो प्लेयर, लेजर डिस्क प्लेयर और वीडियो कैसेट टेप और डिस्क पर फिल्मों का आगमन हुआ, जिससे स्टूडियो के मुनाफे और राजस्व में काफी वृद्धि हुई। हालांकि, घर पर फिल्में देखने के इस नए विकल्प ने एक बार फिर थिएटर में उपस्थिति में कमी का कारण बना।

1980 का हॉलीवुड

1980 के दशक में, फिल्म उद्योग की पिछली रचनात्मकता समरूप और अत्यधिक विपणन योग्य हो गई। केवल दर्शकों की अपील के लिए डिज़ाइन की गई, 1980 की अधिकांश फीचर फिल्मों को सामान्य माना गया और कुछ क्लासिक बन गईं। इस दशक को उच्च अवधारणा वाली फिल्मों की शुरुआत के रूप में पहचाना जाता है जिन्हें आसानी से 25 शब्दों या उससे कम में वर्णित किया जा सकता है, जिसने इस समय की फिल्मों को अधिक विपणन योग्य, समझने योग्य और सांस्कृतिक रूप से सुलभ बना दिया। 1980 के दशक के अंत तक, आम तौर पर यह माना जाता था कि उस समय की फिल्में साधारण मनोरंजन की तलाश करने वाले दर्शकों के लिए थीं, क्योंकि अधिकांश चित्र अनौपचारिक और सूत्रबद्ध थे। कई स्टूडियो ने प्रायोगिक या विचारोत्तेजक अवधारणाओं पर जोखिम लेने के बजाय, विशेष प्रभाव प्रौद्योगिकी में प्रगति को भुनाने की मांग की। फिल्म का भविष्य

अनिश्चित लग रहा था क्योंकि उत्पादन लागत में वृद्धि हुई और टिकट की कीमतों में गिरावट जारी रही। लेकिन हालांकि दृष्टिकोण धूमिल था, रिटर्न ऑफ द जेडी, टर्मिनेटर और बैटमैन जैसी फिल्मों को अप्रत्याशित सफलता मिली। विशेष प्रभावों के उपयोग के कारण, फिल्म निर्माण के बजट में वृद्धि हुई और इसके परिणामस्वरूप कई अभिनेताओं के नाम अत्यधिक स्टारडम में शामिल हो गए। अंतर्राष्ट्रीय बड़े व्यवसाय ने अंततः कई फिल्मों पर वित्तीय नियंत्रण ले लिया, जिसने विदेशी हितों को हॉलीवुड में संपत्ति रखने की अनुमति दी। पैसे बचाने के लिए, अधिक से अधिक फिल्मों ने विदेशों में उत्पादन शुरू करना शुरू कर दिया। बहु-राष्ट्रीय उद्योग समूहों ने कोलंबिया और 20थ सेंचुरी फॉक्स सहित कई स्टूडियो खरीदे।

1990 का हॉलीवुड 90 के दशक की सबसे ज्यादा कमाई करने वाली फिल्म टाइटैनिक थी 1990 के दशक की शुरुआत में आर्थिक गिरावट के कारण बॉक्स ऑफिस राजस्व में बड़ी कमी आई। संयुक्त राज्य भर में नए मल्टीस्क्रीन सिनेप्लेक्स परिसरों के कारण कुल मिलाकर थिएटर की उपस्थिति बढ़ गई थी। उच्च बजट की फिल्मों (जैसे ब्रेवहार्ट) में युद्ध के दृश्य, कार का पीछा, और बंदूक की लड़ाई जैसे हिंसक दृश्यों के लिए विशेष प्रभावों का उपयोग कई फिल्म निर्माताओं के लिए एक प्राथमिक अपील थी। इस बीच, स्टूडियो के अधिकारियों पर हिट फिल्में बनाने के दौरान अपनी जरूरतों को पूरा करने का दबाव बढ़ रहा था। हॉलीवुड में, फिल्म सितारों की उच्च लागत, एजेंसी शुल्क, बढ़ती उत्पादन लागत, विज्ञापन अभियान, और चालक दल की हड़ताल की धमकी के कारण फिल्में बनाना बहुत महंगा हो रहा था। वीसीआर उस समय भी लोकप्रिय थे, और वीडियो रेंटल से होने वाला लाभ मूवी टिकटों की बिक्री से अधिक था। 1992 में, सीडी-रोम बनाए गए थे। इसने डीवीडी पर फिल्मों के लिए मार्ग प्रशस्त किया, जो 1997 तक स्टोर में आ गई। डीवीडी में बेहतर छवि गुणवत्ता के साथ-साथ इंटरैक्टिव सामग्री की क्षमता भी थी, और कुछ साल बाद वीडियोटेप अप्रचलित हो गए।

2000 का हॉलीवुड सहस्राब्दी की बारी ने प्रौद्योगिकी के क्षेत्र में तेजी से और उल्लेखनीय प्रगति के साथ फिल्म इतिहास में एक नया युग लाया। फिल्म उद्योग ने 2000 के दशक में ब्लू-रे डिस्क और आईमैक्स थिएटर जैसी उपलब्धियों और आविष्कारों को पहले ही देखा है। इसके अतिरिक्त, नेटफ्लिक्स जैसी स्ट्रीमिंग सेवाओं के आगमन के साथ अब फिल्में और टीवी शो स्मार्टफोन, टैबलेट, कंप्यूटर और अन्य व्यक्तिगत उपकरणों पर देखे जा सकते हैं।

2

हॉलीवुड का स्वर्ण युग

हॉलीवुड के तथाकथित स्वर्ण युग के दौरान, जो 1920 के दशक के अंत से 1940 के दशक के अंत तक अमेरिकी सिनेमा में मूक युग के अंत तक चला, हॉलीवुड स्टूडियो से हेनरी फोर्ड की असेंबली लाइनों को बंद करने वाली कारों की तरह फिल्में जारी की गई। अधिकांश हॉलीवुड चित्रों ने एक सूत्र-पश्चिमी, स्लैपस्टिक कॉमेडी, संगीत, एनिमेटेड कार्टून, बायोपिक (जीवनी चित्र) का बारीकी से पालन किया - और एक ही रचनात्मक टीम अक्सर एक ही स्टूडियो द्वारा बनाई गई फिल्मों पर काम करती थी। उदाहरण के लिए, सेड्रिक गिबन्स और हर्बर्ट स्टोथार्ट ने हमेशा एमजीएम फिल्मों पर काम किया, अल्फ्रेड न्यूमैन ने बीस साल तक ट्वेंटिएथ सेंचुरी फॉक्स में काम किया, सेसिल बी। डी मिल की फिल्में लगभग सभी पैरामाउंट में बनी थीं, निर्देशक हेनरी किंग की फिल्में ज्यादातर ट्वेंटिएथ-सेंचुरी फॉक्स के लिए बनाई गई थीं। , आदि। और आमतौर पर अनुमान लगाया जा सकता है कि किस स्टूडियो ने कौन सी फिल्म बनाई, इसका मुख्य कारण इसमें दिखाई देने वाले अभिनेता थे। प्रत्येक स्टूडियो की अपनी शैली और विशिष्ट स्पर्श थे जिससे यह जानना संभव हो गया - एक विशेषता जो आज मौजूद नहीं है। फिर भी प्रत्येक फिल्म थोड़ी अलग थी, और कार बनाने वाले कारीगरों के विपरीत, फिल्में बनाने वाले कई लोग कलाकार थे। उदाहरण के लिए, टू हैव एंड हैव नॉट (1944) न केवल अभिनेता हम्फ्री बोगार्ट (1899-1957) और लॉरेन बैकाल (1924-) की पहली जोड़ी के लिए प्रसिद्ध है, बल्कि साहित्य में नोबेल पुरस्कार के दो भावी विजेताओं द्वारा लिखे जाने के लिए भी प्रसिद्ध है। : अर्नेस्ट हेमिंग्वे (1899-1961),

उपन्यास के लेखक जिस पर मुख्य रूप से स्क्रिप्ट आधारित थी, और विलियम फॉल्कनर (1897-1962), जिन्होंने स्क्रीन अनुकूलन पर काम किया। मूवीमेकिंग अभी भी एक व्यवसाय था, और मोशन पिक्चर कंपनियों ने स्टूडियो सिस्टम के तहत काम करके पैसा कमाया। प्रमुख स्टूडियो ने हजारों लोगों को वेतन-अभिनेता, निर्माता, निर्देशक, लेखक, स्टंटमैन, शिल्पकार और तकनीशियनों पर रखा। और उनके पास देश भर के शहरों और

कस्बों में सैकड़ों थिएटर थे, थिएटर जो उनकी फिल्में दिखाते थे और जिन्हें हमेशा ताजा सामग्री की जरूरत होती थी। कई फिल्म इतिहासकारों ने सिनेमा के कई महान कार्यों पर टिप्पणी की है जो कि अत्यधिक नियमित फिल्म निर्माण की इस अवधि से उभरे हैं। ऐसा संभव होने का एक कारण यह भी था कि इतनी सारी फिल्में बनने के साथ, हर एक को बड़ी हिट नहीं होना था। एक स्टूडियो एक अच्छी स्क्रिप्ट और अपेक्षाकृत अज्ञात अभिनेताओं के साथ एक मध्यम-बजट फीचर पर जुआ खेल सकता है: सिटीजन केन, ऑरसन वेल्स द्वारा निर्देशित (1915-1985) और जिसे अक्सर अब तक की सबसे महान फिल्म माना जाता है, उस विवरण में फिट बैठता है।

अन्य मामलों में, हॉवर्ड हॉक्स (1896-1977) और फ्रैंक कैप्रा (1897-1991) जैसे मजबूत इरादों वाले निर्देशकों ने अपने कलात्मक दृष्टिकोण को प्राप्त करने के लिए स्टूडियो से लड़ाई लड़ी। स्टूडियो सिस्टम का चरमोत्कर्ष वर्ष 1939 रहा होगा, जिसमें द विजार्ड ऑफ ओज़, गॉन विद द विंड, स्टेजकोच, मिस्टर स्मिथ गोज़ टू वाशिंगटन, वुथरिंग हाइट्स, गुडबाय, मिस्टर चिप्स, ओनली जैसे क्लासिक्स का विमोचन हुआ। एन्जिल्स हैव विंग्स, निनोचका और मिडनाइट। स्वर्ण युग की अन्य फिल्मों में जिन्हें अब क्लासिक्स माना जाता है: कैसाब्लांका, इट्स अ वंडरफुल लाइफ, मूल किंग कांग, और स्नो व्हाइट एंड द सेवन ड्वार्फ्स।

3

हॉलीवुड की रंगीन रानी

मैरिलिन मुनरो

बेशक, अगर हमारे यहां मर्लिन मुनरो नहीं होती, तो यह सूची अधूरी होती। अभिनेत्री अभी भी सबसे अधिक पहचानी जाने वाली हस्तियों में से एक है, चाहे उसकी मृत्यु के कितने भी दशक बीत चुके हों। 36 साल की उम्र में उनकी मृत्यु के बाद से आधी सदी बीत चुकी है। यहाँ वे शब्द हैं जिनके द्वारा वह जीया गया था: "अपूर्णता सुंदरता है, पागलपन प्रतिभाशाली है, और बिल्कुल उबाऊ होने से हास्यास्पद होना बेहतर है।"

इन वर्षों में, मर्लिन मुनरो का प्रेम जीवन 1962 में उनकी मृत्यु की परिस्थितियों के रूप में रहस्य और किंवदंती में डूबा हुआ है। उसके अच्छे दोस्त और फोटोग्राफर सैम शॉ के रूप में, जो खुद उसके प्रेमी होने की अफवाह थी, ने एक बार कहा था, "अगर मर्लिन हर उस लड़के के साथ सोती जो दावा करता है कि वह उसके साथ है, तो उसके पास कभी भी कोई फिल्म बनाने का समय नहीं होगा।"

शादीशुदा निर्देशकों से लेकर दिग्गज क्रोनर्स तक, ऐसा लगता है कि मुनरो अपने पूरे जीवन में कई ए-लिस्ट नामों से जुड़ी रही। हालाँकि, किसी भी प्रतिष्ठित स्टार के साथ, उसके बारे में अफवाहें फैल रही थीं कि वह किससे जुड़ी हुई है। और आगे बढ़ने से पहले कुछ सीधा करें: मुनरो और जॉन एफ कैनेडी का रोमांस अफवाहों पर आधारित था (मुख्यतः 1962 में उनके जन्मदिन के लिए उमस भरे "हैप्पी बर्थडे" प्रदर्शन के कारण!) कई आलोचकों और जीवनीकारों का मानना है कि निश्चित रूप से एक संबंध था चल रहा है, लेकिन कोई ठोस सबूत कभी नहीं रहा। रॉबर्ट कैनेडी के लिए भी यही बात है। कई लोगों का मानना था कि JFK के बाद, मुनरो और उनके भाई रॉबर्ट कैनेडी ने उनकी मृत्यु से पहले एक संक्षिप्त भाग लिया था। अफवाहों के साथ-साथ, कई लोगों का मानना है कि उनकी असामयिक मृत्यु में दोनों भाइयों का एक नाटक था। तो कैनेडी और मुनरो प्रेम त्रिकोण को नमक के दाने के साथ लें! जैसा कि हमने कहा, बहुत सारी अफवाहें थीं, लेकिन अफवाहों के भीतर आप सच्चाई ढूंढते हैं। और सच्चाई यह है कि, मोनरो के पिछले प्रेमी उसके साथ अपने मामलों के बारे में बात

करने से कतराते नहीं थे (यहां तक कि 2011 के अंत तक!)

मर्लिन मुनरो 20वीं सदी के सबसे प्रसिद्ध लोगों में से एक हैं। वह एक प्रतिभाशाली अभिनेत्री और गायिका थीं। उनका जन्म 1926 में हुआ था और उनका बचपन मुश्किलों भरा था। आपको आश्चर्य हो सकता है कि आज मनाए जाने के बावजूद, मर्लिन ने कभी अकादमी पुरस्कार नहीं जीता। अपने जीवनकाल के दौरान, कई लोगों ने नहीं सोचा था कि वह प्रतिभाशाली थी इसलिए उसे कम वेतन मिला। कई क्लासिक फिल्मों में उनके अभिनय ने उनकी सुंदरता और शैली को उजागर किया। उसके साथ काम करने वाले कई लोगों ने उसे सिर्फ गोरा माना, वह उससे कहीं ज्यादा थी। मर्लिन द्वारा निभाई गई अधिकांश भूमिकाएँ मज़ेदार थीं और उन्होंने पर्दे पर और बाहर कई लोगों के दिलों पर कब्जा कर लिया। मर्लिन इतिहास की सबसे प्रभावशाली महिलाओं में से एक बन गईं। हॉलीवुड में उनके करियर की अवधि एक दशक तक चली। 36 साल की उम्र में उनका असामयिक निधन कई लोगों को हैरान कर गया और रहस्य से घिरा हुआ था।

कुछ रोचक तथ्य: 1. सैनिक पहले: मर्लिन मुनरो ने सैनिकों के लिए अपना हनीमून छोटा कर दिया मार्लीन डिट्रिच की तरह, मर्लिन मुनरो ने WWII के दौरान युद्ध सैनिकों के मनोरंजन के लिए अपना समय समर्पित किया। इस समय के दौरान, मर्लिन एक किशोर पत्नी थीं और एक कारखाने में काम करती थीं जो सैन्य ड्रोन बनाती थी। सैनिकों को प्रेरित करने के लिए विषयों की खोज करने वाले एक फोटोग्राफर ने देखा कि मर्लिन और वह उसका संग्रह हैं। उसने कुछ विचारोत्तेजक तस्वीरें लीं जो कोरिया में सैनिकों को भेजी गईं। बाद में, मर्लिन को सेना के प्रकाशनों जैसे स्टार्स और स्ट्राइप्स में और अधिक चित्रित किया गया। साथ ही उनका करियर भी रफ्तार पकड़ रहा था। सेना को वापस देने के लिए, उसने अपने दूसरे पति के साथ अपना हनीमून कम किया और कोरिया चली गई। उसने वहां 4 दिनों में 10 शो किए। मुनरो ने इस अनुभव को अपने साथ हुई सबसे अच्छी बात बताया। 2. मर्लिन मुनरो को उनकी मां ने पालक घरों में भेजा था मुनरो को अपने माता-पिता के साथ बड़ा होने का सौभाग्य नहीं मिला। उसकी माँ मानसिक समस्याओं से पीड़ित थी और मर्लिन को एक पालक घर भेज दिया था। इस कारण से, मुनरो की माँ ने अपना अधिकांश समय मानसिक संस्थानों में बिताया। मुनरो को भेजा गया पहला पालक घर एक इंजील ईसाई घर था। हॉथोर्न में मुनरो अल्बर्ट और इडा बोलेंडर की देखरेख में थे। वह छह महीने तक उनके साथ रही। सप्ताहांत में उसकी माँ उससे मिलने आती थी। 1934 में हॉलीवुड में एक छोटा सा घर खरीदने के बाद मर्लिन अपनी मां के साथ कुछ समय के लिए रहीं। यह प्रवास अल्पकालिक था क्योंकि उसकी मां को शहर के राजकीय अस्पताल में भर्ती कराया गया था। 3. मर्लिन मुनरो का हकलाना था जैसे-जैसे समय बीतता गया, मुनरो के रहन-सहन की स्थिति बदलती रही। वह करीब 16 महीने तक एक परिवार के साथ रही और उसका यौन शोषण किया गया। इस अनुभव ने उसे शर्मीला बना दिया, वापस ले लिया और यहां तक कि हकलाने का भी विकास किया। वह बाद में चली गई और 1935 में एक अलग परिवार

के साथ रहने लगी, दो परिवारों के बाद, मुनरो को लॉस एंजिल्स के एक अनाथालय में भेज दिया गया। दुर्भाग्य से, मुनरो को वहां यह पसंद नहीं आया क्योंकि वह परित्यक्त महसूस कर रही थी। उसकी पालक माताओं में से एक को उसका कानूनी अभिभावक बनाया गया था। उनके बचपन के अनुभवों ने उन्हें एक अभिनेता बनने के लिए प्रेरित किया। उसे पालक घरों से बाहर निकलने के लिए फिल्मों में भेजा जाता था। वह अभिनय की अवधारणा से प्यार करती थी क्योंकि इसने उसे उसकी वास्तविकता से दूर कर दिया। 4. मर्लिन मुनरो ने अनाथालय में वापस भेजे जाने से बचने के लिए शादी की मुनरो ने अपने पहले पति जिम डौघर्टी से 16 साल की उम्र में शादी की थी। उसने पालक घर वापस जाने से बचने के लिए ऐसा किया। उसकी पहली शादी चार साल तक चली। मुनरो जिस पालक परिवार के साथ रह रहा था, वह वेस्ट वर्जीनिया जाने की योजना बना रहा था। चूंकि मुनरो पालन-पोषण में वापस नहीं जाना चाहता था, उसने जेम्स डौघर्टी से शादी कर ली, जो उससे चार साल बड़ा था। 5. मुनरो को पढ़ना पसंद था मर्लिन मुनरो के गोरा और गूंगा होने के बारे में एक गलत धारणा थी। बहुत से लोग नहीं जानते थे कि उसे पढ़ना पसंद है। अपने जीवनकाल के दौरान मुनरो के पास 400 से अधिक पुस्तकों के साथ एक पुस्तकालय था। उनका संग्रह बेस्टसेलर से बना था। कुछ लेखक एफ. स्कॉट फिट्जगेराल्ड, जॉन स्टीनबेक और टेनेसी विलियम्स हैं।

उनकी अलमारियों से पुस्तकों की सूची पहले संस्करण की थी और विभिन्न शैलियों की थी। वह उन फोटोग्राफरों से भी प्यार करती थी जो उसके पढ़ने की तस्वीरें लेते थे। उसने अपनी किताबों को कैसे चुना, किताब के माध्यम से पढ़कर, अगर उसे कोई पेज या पैराग्राफ पसंद आया, तो उसने किताब खरीदी। 6. उनके साथ काम करना बहुत सुखद नहीं था एक बार सफल होने के बाद मुनरो ने उनके साथ काम करना मुश्किल बना दिया। उनके साथ काम करने वालों ने कहा कि मुनरो अप्रत्याशित थे। वह शूटिंग के लिए देर से आती थीं और अपनी लाइनें भूल जाती थीं। मुनरो ने सभी को उसका इंतजार करने के लिए मजबूर कर दिया। उसकी भावनात्मक स्थिति को भी नए अनियमित व्यवहार का कारण बताया गया। उसकी विलंबता और बार-बार अनुपस्थिति के कारण प्रोडक्शंस पर हजारों डॉलर खर्च हुए। उसे इस प्रोडक्शन से निकाल दिया गया था।

हॉलीवुड में सफल होने के बावजूद, मुनरो असुरक्षित था और असुरक्षित महसूस करता था। वह अपने अभिनय कोच की मंजूरी के बिना अपनी अभिनय भूमिकाओं को आगे नहीं बढ़ा सकती थीं। 7. मर्लिन मुनरो ने अपना अभिनय अनुबंध रद्द कर दिया था क्योंकि उन्होंने यौन अग्रिमों से इनकार कर दिया था मुनरो को उनकी कुछ अभिनय भूमिकाएँ यौन संबंधों के माध्यम से मिलती थीं। स्टूडियो के अधिकांश अधिकारी उसे अपनी भूमिकाएं देने के लिए उपयोग करेंगे। उसके पास इसके लिए पर्याप्त था और उसने एक कार्यकारी को ठुकरा दिया, जो चाहता था कि वह अंतरंग होने के बाद ही एक समझौते पर हस्ताक्षर करने के लिए सहमत हो। उसे ठुकराने के बाद, स्टूडियो ने उसका अनुबंध रद्द कर दिया। अपने अच्छे

लुक्स और ग्लैमरस स्टेटस के बावजूद 1949 में मुनरो टूट गई। कुछ पैसे लेने के लिए उन्हें कुछ जोखिम भरे फोटो लेने के लिए मजबूर किया गया। 8. हॉलीवुड में मुनरो के लिए यह आसान नहीं था जब मुनरो ने हॉलीवुड में शुरुआत की, तो उन्हें एक कास्टिंग कोच मिला। कास्टिंग कोच ने उन्हें सबक लेने में मदद की और उन्हें मिले हिस्से। हॉलीवुड में उनकी सफलता रातोंरात नहीं अर्जित की गई थी।

वास्तव में, अधिकांश निर्देशकों ने उन्हें प्रतिभाशाली नहीं पाया। समाप्त हो चुके फिल्म अनुबंधों के बावजूद, मुनरो को विश्वास था कि वह हॉलीवुड में जीत हासिल करेगी। 9. एफबीआई द्वारा मर्लिन मुनरो को देखा जा रहा था जब मोनरो मिलर के साथ रिश्ते में था, एफबीआई को उनके रिश्ते पर संदेह था क्योंकि वह कथित तौर पर अक्सर रूस का दौरा करती थी। मुनरो की मृत्यु के बाद उसके घर के पुनर्निर्माण के दौरान, एक परिष्कृत, सरकारी-ग्रेड फोन टैपिंग प्रणाली जो पूरे घर में फैली हुई थी, पाई गई। 10. मुनरो की आखिरी इच्छा थी कि उनकी कब्र पर फूल पहुंचाए जाएं अपने प्रेमी डिमैगियो से उसकी आखिरी इच्छा थी कि वह मरने के बाद हर हफ्ते उसकी कब्र पर गुलाब भेजे। उन्होंने यह वादा दो दशक तक निभाया। मोनरो की मृत्यु के बाद डिमैगियो ने कभी दोबारा शादी नहीं की। उनके अंतिम शब्द थे कि उन्हें अंततः मुनरो देखने को मिलेगा।

मर्लिन मुनरो ने प्लेबॉय को बनाया फैशनेबल 1953 की थ्रिलर फिल्म-नोयर नियाग्रा, जिसमें मुनरो ने अपने पति की हत्या करने के लिए एक फीमेल फेटले षडयंत्र का प्रदर्शन किया, ने मर्लिन को स्टार के रूप में खड़ा किया। यह साल की सबसे बड़ी हिट फिल्मों में से एक थी और एक ऐसा दृश्य जिसने मुनरो (पीछे से) को नियाग्रा फॉल्स की ओर एक लंबी चहलकदमी करते हुए दिखाया, बहुत चर्चा में था। जब दिसंबर 1953 में प्लेबॉय का पहला विषय सामने आया, तो उसके कवर पर मर्लिन की {फ़ोटोग्राफ़} का इस्तेमाल किया गया था, उसकी एक नग्न {फ़ोटो}, 1949 में ली गई थी, जो पत्रिका में निहित थी। 1992 में, प्लेबॉय पत्रिका के संस्थापक ह्यूग हेफनर, जो कभी भी मुनरो से नहीं मिले, ने तुरंत उनकी बाईं ओर क्रिप्ट खरीद लिया क्योंकि उन्होंने अपनी पत्रिका की प्रारंभिक सफलता का श्रेय उन्हें दिया था। बुद्धि स्तर लोग उन्हें बहुत खूबसूरत लेकिन गूंगा गोरा मानते थे। लेकिन उसका आईक्यू 168 था जो सामान्य से ऊपर था

4

सुंदरता और फैशन का अद्भुत संयोजन

एलिजाबेथ टेलर

प्रसिद्ध ब्रिटिश-अमेरिकी अभिनेत्री, एलिजाबेथ टेलर का जन्म लंदन में हुआ था, लेकिन द्वितीय विश्व युद्ध शुरू होने से कुछ समय पहले अपने परिवार के साथ कैलिफोर्निया चली गई। एक छोटी लड़की के रूप में, वह पहले से ही इतनी आकर्षक थी कि उसकी माँ ने उसे बार-बार कहा कि उसे एक फिल्म स्टार बनना चाहिए। उसके पास एक आनुवंशिक उत्परिवर्तन था जिसके परिणामस्वरूप भौंहों की दो पंक्तियाँ थीं, जिससे उसकी आँखों को एक अनूठा रूप मिला। वह एक चाइल्ड स्टार थीं, जो तब हॉलीवुड की सबसे प्रसिद्ध अभिनेत्रियों में से एक बन गईं। उन्होंने कई फिल्मों में अभिनय किया, यहूदी कारणों की वकालत की, और एड्स जागरूकता को बढ़ावा दिया

एलिजाबेथ टेलर एक पुरस्कार विजेता ब्रिटिश-अमेरिकी अभिनेत्री थीं, जिनका करियर 1940 के दशक की शुरुआत से 1990 के दशक के अंत तक चला। शास्त्रीय हॉलीवुड सिनेमा के अंतिम सितारों में से एक के रूप में जानी जाने वाली, उन्होंने लस्सी कम होम (1943), नेशनल वेलवेट (1944), जाइंट (1956), क्लियोपेट्रा (1963), कैट ऑन ए हॉट टिन रूफ में अपने प्रदर्शन के लिए वैश्विक प्रशंसा हासिल की। (1958), आदि। अपने करियर की ऊंचाई पर, उन्हें 1961 में बटरफ़ील्ड 8 में 'सर्वश्रेष्ठ अभिनेत्री' के लिए 2 अकादमी पुरस्कार और वर्जीनिया वूल्फ से कौन डरता है? 1967 में। उनकी सारी प्रतिभा और सफलता के बावजूद, यह उनकी आठ शादियां और तलाक थे, जिन्होंने उनकी सार्वजनिक छवि को किसी भी चीज़ से अधिक परिभाषित किया। अपने पूरे जीवन में, उन्होंने एक फैशन आइकन, परफ्यूम मोगुल, एविड ज्वेलरी कलेक्टर, समलैंगिक अधिकार कार्यकर्ता और एक समर्पित एचआईवी / एड्स कार्यकर्ता जैसे कई टोपियाँ दान की थीं। उसके सोशल मीडिया अकाउंट्स ने फेसबुक पर 900k से ज्यादा फॉलोअर्स, ट्विटर पर 300k से ज्यादा फॉलोअर्स और इंस्टाग्राम पर 200k से ज्यादा फॉलोअर्स बटोर लिए हैं।

एलिजाबेथ टेलर तथ्य

हालाँकि वह लंदन में पैदा हुई थी, टेलर के माता-पिता अमेरिकी नागरिक थे जो 1929 में इंग्लैंड चले गए थे। हालाँकि, 1939 में द्वितीय विश्व युद्ध के फैलने के बाद, उनका परिवार वापस संयुक्त राज्य अमेरिका चला गया। लिज़, जो अपनी गहरी सुंदरता के लिए जानी जाती थी, के बारे में अफवाह थी कि उसके 20 के दशक में नाक का काम हुआ था, और उसके बाद के जीवन में एक थोड़ी प्रत्यारोपण और नया रूप दिया गया था। 12 मई, 1956 को, उसके अच्छे दोस्त मॉंटगोमरी क्लिफ्ट को लगभग घातक कार दुर्घटना का सामना करना पड़ा। टेलर के घर पर डिनर पार्टी छोड़ने के बाद, क्लिफ्ट पहिया के पीछे सो गया और एक टेलीफोन पोल से टकरा गया। अभिनेत्री जल्दी से उनकी कार के पास गई और उनके गले से एक दांत निकाला जो उनकी सांस को रोक रहा था। फिर भी, क्लिफ्ट को टूटे जबड़े और नाक सहित कई चोटों का सामना करना पड़ा और दुर्घटना ने उनके बढ़ते करियर को प्रभावी ढंग से क्षतिग्रस्त कर दिया। महान व्यवसायी हॉवर्ड ह्यूजेस को युवा स्टारलेट ने इतना आकर्षित किया कि उसने उसके माता-पिता को शादी में उसके हाथ के बदले में एक बड़ी राशि (6 अंकों में) की पेशकश की। एलिजाबेथ ने कथित तौर पर अपने हास्यास्पद प्रस्ताव पर हंस दिया। वह लिज़ कहलाने से नफरत करती थी, उसके अनुसार, यह एक फुफकार की तरह लग रहा था। एक परफ्यूम प्रेमी के रूप में, लिज़ ने सबसे अधिक बिकने वाले परफ्यूम का एक संग्रह जारी किया था। इनमें 1987 में पैशन, 1991 में व्हाइट डायमंड्स, 1993 में डायमंड्स एंड रूबीज़, 1993 में डायमंड्स एंड एमराल्ड्स, 1993 में डायमंड्स एंड सैफायर, 1996 में ब्लैक पर्ल, 2010 में वायलेट आइज़ और कई अन्य शामिल थे। एलिजाबेथ किसी फिल्म भूमिका के लिए $1 मिलियन प्राप्त करने वाली पहली अभिनेत्री बनीं; उसके मामले में क्लियोपेट्रा (1963)। 1999 में, अमेरिकन फिल्म इंस्टीट्यूट ने उन्हें हॉलीवुड के स्वर्ण युग से 7 वीं 'महानतम महिला स्क्रीन लीजेंड' के रूप में स्थान दिया। उन्हें अभिनय और दान के लिए जीवन भर की सेवाओं के लिए 2000 के नए साल के सम्मान में महारानी एलिजाबेथ द्वितीय द्वारा डेम कमांडर ऑफ द ऑर्डर ऑफ द ब्रिटिश एम्पायर से सम्मानित किया गया था। इसी कार्यक्रम में ब्रिटिश अभिनेत्री जूली एंड्रयूज को भी नाइट की उपाधि दी गई। 1995 में एम्पायर मैगज़ीन द्वारा 'फिल्म इतिहास में 100 सबसे सेक्सी सितारों' की सूची में उन्हें #16 पर स्थान दिया गया था। लिज़ ने 2002 में जॉन एफ कैनेडी सेंटर ऑनर्स प्राप्त किया। एलिजाबेथ ने 1961 में बटरफील्ड 8 के लिए अपना पहला सर्वश्रेष्ठ अभिनेत्री अकादमी पुरस्कार जीता। वह सबसे कठिन समय से गुजर रही थी क्योंकि 1958 में उनके पति माइक टॉड का निधन हो गया था, वह मुश्किल से निमोनिया से बची थीं और उन्हें ट्रेकोटॉमी से गुजरना पड़ा था। अफवाहें फैलने लगीं कि वह सहानुभूति मतों से जीती हैं; शर्ली मैकलेन (जो उस वर्ष जीतने के पक्षधर थे) द्वारा साझा की गई एक भावना, जिसने महसूस किया कि वह एक ट्रेकोटॉमी से हार गई थी। एलिजाबेथ अपने सौतेले बेटे माइकल टॉड जूनियर (1929 में पैदा हुए) से 3 साल छोटी थीं। टॉड जूनियर माइक टॉड और उनकी पहली पत्नी

बर्था फ्रेशमैन के पुत्र थे। एंटरटेनमेंट वीकली ने उन्हें 11वें 'महानतम मूवी स्टार ऑफ ऑल टाइम' के रूप में नामित किया। 2002 में डेविड गेस्ट के साथ लिज़ा मिनेल्ली की ओवर-द-टॉप शादी में टेलर सम्मान के मैट्रॉन थे। माइकल जैक्सन ने सर्वश्रेष्ठ व्यक्ति के रूप में कार्य किया। 2002 में, उन्होंने अपनी पुस्तक माई लव अफेयर विद ज्वेलरी लॉन्च की, जिसमें उनके शानदार गहनों के संग्रह का दस्तावेजीकरण किया गया। लेखक चार्ल्स बुकोव्स्की ने अपने अखबार के कॉलम, नोट्स ऑफ ए डर्टी ओल्ड मैन में टेलर की तीखी समीक्षा लिखी थी। उन्होंने अभिनेत्री को सेलिब्रिटी-पागल, अमेरिकी संस्कृति का एक बेतुका प्रतीक कहा, जिसे उन्होंने तुच्छ जाना। 1985 में अपने विशालकाय सह-कलाकार रॉक हडसन की बीमारी के जवाब में, उन्होंने एड्स अनुसंधान की सुविधा के लिए "जीवन के लिए एक प्रतिबद्धता" कार्यक्रम का आयोजन किया। सेलिब्रिटी कार्यक्रम में उनके कई प्रसिद्ध हॉलीवुड दोस्तों ने भाग लिया और $1.3 मिलियन से अधिक की कमाई की। लिज़ उन कुछ अभिनेताओं में से एक हैं जिन्होंने एक काल्पनिक चरित्र और खुद को द सिम्पसंस पर आवाज दी है। उन्होंने सीजन 4 में लिसा के फर्स्ट वर्ड में मैगी सिम्पसन के चरित्र को आवाज दी थी और सीजन 4 में क्रस्टी गेट्स कंसेलेड एपिसोड में खुद को चित्रित किया था। 2006 में, उन्होंने हाउस ऑफ़ टेलर, कीमती पत्थरों और हीरे के गहनों के डिज़ाइन की एक पंक्ति का शुभारंभ किया।

1979 में, लिज़ ने प्रसिद्ध 'टेलर-बर्टन डायमंड' को $ 3 मिलियन में नीलाम किया और बोत्सवाना में एक अस्पताल के निर्माण के लिए आय का दान दिया। लिज़ ने क्लासिक माई फेयर लेडी में एलिज़ा डूलिटल की भूमिका के लिए सक्रिय रूप से पैरवी की, जो ऑड्रे हेपबर्न के पास गई। वह माइकल जैक्सन के बच्चों, पेरिस जैक्सन और प्रिंस माइकल जैक्सन की गॉडमदर थीं। उनके गॉडफादर अभिनेता मैकाले कल्किन हैं। 1970 के दौरान, हियर्स लुसी के एक एपिसोड में, ल्यूसिल बॉल द्वारा निभाए गए नायक को अपनी उंगली पर 'टेलर-बर्टन डायमंड' चिपका हुआ मिलता है। लुसी मीट्स द बर्टन नामक एपिसोड, जिसमें वास्तविक हीरे की अंगूठी के साथ रिचर्ड और एलिजाबेथ को अतिथि सितारों के रूप में दिखाया गया था, श्रृंखला के सबसे लोकप्रिय एपिसोड में से एक बन गया। उसने इराक युद्ध के विरोध में 2003 में 75वें वार्षिक अकादमी पुरस्कार में भाग लेने से इनकार कर दिया। 2010 में, अपने आखिरी साक्षात्कार में से एक के दौरान टेलर ने हमें वीकली से टिप्पणी की कि वर्जीनिया वूल्फ से कौन डरता है? वह फिल्म थी जिस पर उन्हें सबसे ज्यादा गर्व था। 1962 में, एंडी वारहोल ने अपने अलग-अलग पतियों के साथ लिज़ का 7 फुट लंबा चित्र चित्रित किया, इसे 'मेन इन हर लाइफ' कहा। पेंटिंग को 2010 में एक नीलामी में $63.4 मिलियन में बेचा गया था।

दिसंबर 2007 में, लिज़ को सैक्रामेंटो में स्थित कैलिफ़ोर्निया हॉल ऑफ़ फ़ेम में शामिल किया गया था। उनके गहन गहनों के संग्रह में 33.19-कैरेट क्रुप डायमंड, 69.42-कैरेट टेलर-बर्टन डायमंड, और ऐतिहासिक 50-कैरेट ला परेग्रीना पर्ल (एक बार इंग्लैंड की मैरी I के स्वामित्व में) थे, ये सभी रिचर्ड बर्टन द्वारा उपहार में दिए गए थे। लिज़ को गृह युद्ध नाटक

रेंट्री काउंटी (1957) के लिए अपना पहला ऑस्कर नामांकन मिला। उन्हें 1958 से 1961 तक लगातार सर्वश्रेष्ठ अभिनेत्री के लिए नामांकित किया गया, अंततः 1961 में बटरफ़ील्ड 8 के लिए जीत हासिल की। इसी तरह के लगातार नामांकन वाले अन्य कलाकार जेनिफर जोन्स (1943-1946), अल पचिनो (1972-1975), मार्लन ब्रैंडो (1951-1954) हैं। , और थेल्मा रिटर (1950-1953)। लिज़ अपने अधिकांश जीवन के लिए एक भारी धूम्रपान करने वाली थी और हर दिन लगभग 2 पैक धूम्रपान करती थी। आखिरकार 1990 में निमोनिया से पीड़ित होने के बाद उन्होंने इस आदत को छोड़ दिया। 1959 में यहूदी धर्म में परिवर्तित होने के बाद उन्हें एक हिब्रू नाम, एलीशेबा राहेल मिला। लिज़ अपनी दूसरी सर्वश्रेष्ठ अभिनेत्री का ऑस्कर प्राप्त करने के लिए मौजूद नहीं थीं, जो वर्जीनिया वूल्फ से डरती हैं? 1967 में। इसे अभिनेत्री ऐनी बैनक्रॉफ्ट ने उनके स्थान पर प्राप्त किया। क्रिस्टी की मृत्यु के बाद लिज़ के गहनों के व्यापक संग्रह की नीलामी की गई। अर्जित $156.8 मिलियन को एड्स अनुसंधान को निधि देने के लिए एलिजाबेथ टेलर एड्स फाउंडेशन को दान कर दिया गया था। लिज़ को 1960 में हॉलीवुड वॉक ऑफ़ फ़ेम पर एक स्टार से सम्मानित किया गया था। 2013 में, रिचर्ड बर्टन के स्टार को 6336 हॉलीवुड बुलेवार्ड में उनकी पट्टिका के बगल में रखा गया था। माइकल जैक्सन ने टेलर को अपने संगीत वीडियो, लीव मी अलोन (1987 के एल्बम बैड से) के साथ उनकी फिल्मों के वास्तविक फुटेज को अपने समय की नवीनतम सीजीआई तकनीक के साथ मिलाकर श्रद्धांजलि अर्पित की। वह अभिनेता जेम्स डीन के साथ घनिष्ठ मित्र थे, जिनके साथ उन्होंने 1956 की फिल्म जाइंट में अभिनय किया था। फिल्म के लिए अपने दृश्यों की शूटिंग खत्म करने के कुछ ही समय बाद एक कार दुर्घटना में डीन की मृत्यु हो गई। कथित तौर पर, टेलर दुखद खबर सुनकर इतना व्याकुल हो गया था कि उसे अगले कुछ दिनों के लिए एक मनोरोग वार्ड में भर्ती कराना पड़ा। कांग्रेस के पुस्तकालय ने उनकी 5 फिल्मों को उनके सांस्कृतिक, ऐतिहासिक और सौंदर्य संबंधी महत्व के लिए 'राष्ट्रीय फिल्म रजिस्ट्री' में शामिल किया है। ये फिल्में हैं लस्सी कम होम (1943), नेशनल वेलवेट (1944), ए प्लेस इन द सन (1951), जाइंट (1956), और हू इज अफ्रेड ऑफ वर्जीनिया वूल्फ? (1966)।

अपने करियर की अवधि के दौरान, अनुभवी अभिनेत्री ने पीपल मैगज़ीन के कवर पर 14 एकल प्रदर्शन किए थे। इसी तरह, उन्हें 14 बार लाइफ मैगज़ीन के कवर पर भी दिखाया गया था। लिज़ की कुल 13 बार सगाई हुई थी; जिनमें से 8 की परिणति शादी में हुई और अन्य 5 मौकों पर उसने सगाई तोड़ दी। उन्हें जीवन भर कई स्वास्थ्य समस्याओं का सामना करना पड़ा। फिल्म स्टार को जन्म के समय स्कोलियोसिस का पता चला था, 1961 में निमोनिया के एक गंभीर मुकाबले का सामना करना पड़ा, जिसे ट्रेकियोटॉमी की आवश्यकता थी, 1990 के दशक में हिप रिप्लेसमेंट सर्जरी की गई, 1997 में एक सौम्य ब्रेन ट्यूमर, 2002 में त्वचा कैंसर का इलाज किया गया था, और इसका खुलासा हुआ था। 2004 में कंजेस्टिव दिल की विफलता से पीड़ित होने के लिए। उनका अंतिम संस्कार कैलिफोर्निया के फॉरेस्ट

लॉन मेमोरियल पार्क में हुआ। उसकी इच्छा के अनुसार, यहूदी समारोह में 15 मिनट की देरी हुई ताकि वह अपने अंतिम संस्कार के लिए सही एलिजाबेथ टेलर शैली में देर से पहुंच सके। उनका फिल्म के बाद का करियर मुख्य रूप से परोपकारी कार्यों पर केंद्रित था और उन्हें अपने प्रयासों के लिए कई सम्मान मिले। 1987 में, उन्हें नाइट ऑफ़ द फ्रेंच लीजन ऑफ़ ऑनर बनाया गया, उन्हें 1993 में जीन हर्शोल्ट ह्यूमैनिटेरियन अवार्ड और 2001 में राष्ट्रपति नागरिक पदक मिला।

5

अल पचिनो:स्टारडम की नई परिभाषा

एक अभिनेता जिसने सिल्वर स्क्रीन पर इतालवी भीड़ की मानसिकता को सबसे अच्छी तरह से चित्रित किया, वह अल पचिनो है। द गॉडफादर ट्रायोलॉजी में माइकल कोरलियोन और स्कारफेस में टोनी मोंटाना के उनके चित्रण ने उन्हें अमेरिका और विदेशों में बड़े पैमाने पर प्रसिद्धि के लिए प्रेरित किया, लेकिन दुख की बात है कि उन्हें कभी ऑस्कर के रूप में अर्जित नहीं किया। उन्हें एक महिला की सुगंध में फ्रैंक स्लेड की भूमिका के लिए कुल 7 ऑस्कर नामांकन और एक ऑस्कर जीत मिली है।

अल पचिनो को ऑस्कर विजेता अमेरिकी अभिनेता के रूप में जाना जाता है। वह 'द गॉडफादर', 'डॉग डे आफ्टरनून' और 'स्कारफेस' जैसी फिल्मों में अपनी भूमिकाओं के लिए सबसे प्रसिद्ध हैं। पृष्ठभूमि और उम्र अल्फ्रेडो जेम्स पचिनो का जन्म 25 अप्रैल 1940 को न्यूयॉर्क शहर, न्यूयॉर्क में हुआ था। वह सिसिली के इतालवी बाहरी लोगों की एकल संतान थे, जो बचपन में अलग-थलग पड़ गए थे। उनके अलग होने के बाद, पचिनो के पिता कैलिफोर्निया चले गए और पचिनो को उनकी माँ और दादा-दादी ने ब्रोंक्स में पाला। इस तथ्य के बावजूद कि वह एक टाइके के रूप में काफी संकोची था, अपने शुरुआती किशोरावस्था में पचिनो ने अभिनय के लिए एक उत्साह बनाया और बाद में हाई स्कूल ऑफ परफॉर्मिंग आर्ट्स में स्वीकार कर लिया गया। वह एक गरीब छात्र साबित हुआ, जिसने अंततः 17 साल की उम्र में बाहर होने से पहले अपनी कक्षाओं के बड़े हिस्से पर बमबारी की। स्कूल छोड़ने के बाद, पचिनो ने अभिनेता बनने की अपनी कल्पनाओं को आगे बढ़ाने के लिए 1959 में ग्रीनविच विलेज जाने से पहले कई व्यवसायों में काम किया। उन्होंने हर्बर्ट बर्गॉफ स्टूडियो में थिएटर का अध्ययन शुरू किया और ऑफ-ब्रॉडवे प्रस्तुतियों में लंबे समय तक उतरने से पहले, विलियम सरॉयन नाटक हैलो, आउट देयर में 1963 की भूमिका सहित।

1966 में, पचिनो ने अपने करियर में बाद के चरण को आगे बढ़ाया जब उन्हें एक्टर्स स्टूडियो में स्वीकार किया गया, जहाँ उन्होंने प्रख्यात संरक्षक ली स्ट्रासबर्ग के अधीन

अध्ययन किया। करियर और नेट वर्थ अपने करियर के दौरान, उन्होंने द गॉडफादर (1972) में माफिया बॉस माइकल कोरलियोन और स्कारफेस (1983) में ड्रग लॉर्ड टोनी मोंटाना सहित, अपघर्षक भूमिकाओं के लिए एक दर्दनाक वास्तविकता और खतरनाक क्रोध लाया है। एक लचीले कलाकार, उन्होंने अपने विपुल करियर के दौरान परियोजनाओं के एक अलग दायरे में अभिनय किया, कई स्टेज प्रस्तुतियों में दिखाई दिए और कुछ फिल्मों का निर्देशन भी किया। उन्हें एक महिला की सुगंध (1992) में एक दृष्टिबाधित व्यक्ति के चित्रण के लिए सर्वश्रेष्ठ अभिनेता का अकादमी पुरस्कार मिला और 2007 में अमेरिकी फिल्म संस्थान से लाइफटाइम अचीवमेंट पुरस्कार मिला। जुलाई 2019 में, क्वेंटिन टारनटिनो की नई फिल्म वन्स अपॉन ए टाइम इन हॉलीवुड ने स्टार जड़ी कास्ट के कारण फिल्म प्रशंसकों के बीच प्रत्याशा की एक उच्च भावना पैदा की। अल पचिनो फिल्म में मार्विन श्वार्ज के रूप में दिखाई देंगे। जीवनी | शादी, पत्नी और बच्चे अल पचिनो अपने हॉलीवुड करियर के दौरान एक प्रसिद्ध कुंवारे रहे हैं। उसकी शादी नहीं हुई है लेकिन वह तीन बच्चों का पिता है। उनके पूर्व अभिनय गुरु जन टैरंट के साथ एक रोमांटिक जुड़ाव से उनकी एक छोटी लड़की है और एक छोटी लड़की और अभिनेत्री बेवर्ली डी'एंजेलो के साथ एक लंबी दूरी की रोमांटिक एसोसिएशन से एक लड़का है। पूरे वर्षों में, पचिनो डायने कीटन, पेनेलोप एन मिलर और लुसिला सोला जैसी अभिनेत्रियों के साथ भी रोमांटिक रूप से जुड़े रहे हैं।

6

मार्लन ब्रैंडो अमेरिकी सिनेमाई इतिहास के शिखर पर खड़ा है और व्यापक रूप से अब तक के सबसे महान अमेरिकी अभिनेता के रूप में पहचाना जाता है। ब्रैंडो को अपना पहला ऑस्कर 1954 में ऑन द वाटर फ्रंट में उनकी भूमिका के लिए मिला और महाकाव्य भीड़ फिल्म द गॉडफादर में वीटो कोरलियोन की भूमिका निभाने के लिए उनका दूसरा अकादमी पुरस्कार मिला। ब्रैंडो को अमेरिकी फिल्म संस्थान द्वारा चौथी सबसे बड़ी स्क्रीन लीजेंड नामित किया गया था।

वह एक सच्चे मनमौजी व्यक्ति थे, जिन्होंने लोगों के अभिनय के कला-रूप को देखने के साथ-साथ एक सनकी वैरागी को बदल दिया, जो 2004 में निधन से पहले कई स्वास्थ्य समस्याओं से पीड़ित थे। लेकिन मार्लन ब्रैंडो के बारे में जो कुछ भी आप व्यक्तिगत रूप से याद करते हैं, आप उनके प्रभावशाली, बहु पुरस्कार विजेता, छह दशक लंबे अभिनय करियर के दौरान उनके प्रभाव को नजरअंदाज नहीं कर सकते।

दिवंगत किंवदंती के बारे में आकर्षक तथ्य,

जिन्हें 1999 में टाइम पत्रिका को उनके सदी के अभिनेता के रूप में नामित किया गया था।

एक बच्चे के रूप में उनकी मां ने "हमारी देखभाल करने के लिए नशे में रहना" पसंद किया 3 अप्रैल 1924 को ओमाहा, नेब्रास्का में जन्मे, मार्लन ब्रैंडो जूनियर का बचपन परेशान था, उन्होंने अपनी आत्मकथा में लिखा था कि उनकी माँ ने "हमारी देखभाल करने के लिए नशे में रहना पसंद किया।" उन्होंने अपने पिता के साथ साझा किए गए कठिन संबंधों के बारे में भी खुलासा किया, यह खुलासा करते हुए कि मार्लन ब्रैंडो सीनियर को "मुझे यह कहने की आदत थी कि मैं कभी भी कुछ भी नहीं करूंगा।"

दालान के नीचे मोटरसाइकिल की सवारी करने के कारण उन्हें हाई स्कूल से निष्कासित कर दिया गया ब्रैंडो को उसके हाई स्कूल के दालान के नीचे मोटरसाइकिल चलाने के लिए निष्कासित कर दिया गया था, जिससे उसके पिता को उसे एक सैन्य अकादमी में भेजने के लिए मजबूर होना पड़ा। बाद में उन्हें कई अलग-अलग कारणों से अकादमी से निष्कासित कर दिया गया, जिसमें इसकी घंटी की 70 किलोग्राम की ताली को हटाना और उसे दफनाना शामिल था।

उन्होंने टेनेसी विलियम्स की प्लंबिंग को ठीक करने के बाद ए स्ट्रीटकार नेम्ड डिज़ायर में स्टेनली की भूमिका निभाई 1951 की फ़िल्म ए स्ट्रीटकार नेमड डिज़ायर में स्टेनली की भूमिका के लिए ऑडिशन देने से पहले, ब्रैंडो ने टेनेसी विलियम्स के घर का दौरा किया, जो नाटककार थे, जिन्होंने पटकथा और साथ ही उस नाटक को भी लिखा था जिस पर यह आधारित था। आगमन पर ब्रैंडो ने देखा कि घर में एक अतिप्रवाहित शौचालय का कटोरा था और कोई काम करने वाली रोशनी नहीं थी, इसलिए उन्होंने अपना ऑडिशन देने से पहले नलसाजी और बिजली के मुद्दों को ठीक करने के लिए आगे बढ़े, जिसे विलियम्स ने "सबसे शानदार पढ़ने" के रूप में वर्णित किया जो उन्होंने कभी देखा था।

फ्रैंक सिनात्रा के साथ उनका झगड़ा चल रहा था 1954 की फ़िल्म ऑन द वाटरफ़्रंट में प्रमुख भूमिका को लेकर आपस में भिड़ने के बाद, जिसके लिए ब्रैंडो ने अपना पहला सर्वश्रेष्ठ अभिनेता का ऑस्कर जीता, फ्रैंक सिनात्रा ने ब्रैंडो को "मुम्बल्स" के रूप में संदर्भित करना शुरू कर दिया,1955 के गाइड्ज़ एंड डॉल्स के फिल्मांकन के दौरान जोड़ी का झगड़ा जारी रहा, जिसमें उन्होंने एक साथ अभिनय किया, जिसमें ब्रैंडो ने जानबूझकर कई रीटेक के लिए दृश्यों के फिल्मांकन के दौरान गलतियाँ कीं।

उसका अपना निजी द्वीप था 1967 में ब्रैंडो ने फ्रेंच पोलिनेशिया में £ 270,000 में एक द्वीप खरीदा, जो उनकी मृत्यु के बाद से द ब्रैंडो नामक एक लक्जरी रिसॉर्ट बन गया है। मूल रूप से टेटियारोआ कहा जाता है, यह द्वीप ताहिती राजघराने के लिए एक गंतव्य हुआ करता था, इससे पहले कि अभिनेता ने इसे अपना बनाने का फैसला किया।

उन्होंने अपना दूसरा सर्वश्रेष्ठ अभिनेता ऑस्कर लेने से इनकार कर दिया ब्रैंडो एक कार्यकर्ता थे जिन्होंने कई अलग-अलग कारणों के लिए अभियान चलाया, नागरिक अधिकार आंदोलन और मूल अमेरिकी कारणों को अपना समर्थन दिया, दूसरों के बीच में। यह उनके विश्वास के कारण था कि हॉलीवुड द्वारा मूल अमेरिकियों को गलत तरीके से प्रस्तुत किया गया था कि ब्रैंडो ने 1972 के द गॉडफादर में वीटो कोरलियोन के रूप में उनके प्रदर्शन के लिए दिए गए अपने दो सर्वश्रेष्ठ अभिनेता ऑस्कर में से दूसरा लेने से इनकार कर दिया।

उन्होंने हमेशा अपनी पंक्तियों को सीखने की जहमत नहीं उठाई ब्रैंडो अक्सर एक दृश्य की शूटिंग से पहले अपनी पंक्तियों को सीखने से इनकार करने के लिए जाने जाते थे, यह मानते हुए कि यह उनके प्रदर्शन से अलग होगा। 1978 के सुपरमैन के फिल्मांकन के दौरान यह मामला था, जहां किंवदंती है कि ब्रैंडो ने सेट के चारों ओर छिपे क्यू कार्ड से अपने संवाद पढ़े, और अगर अफवाह पर विश्वास किया जाए, तो वह भी बेबी सुपरमैन की लंगोट से! 3. उन्होंने सुझाव दिया कि सुपरमैन के पिता एक सूटकेस या बैगेल होना चाहिए सुपरमैन पर सिर्फ 13 दिनों के काम के लिए ब्रैंडो को रिकॉर्ड $3.7 मिलियन प्लस सकल लाभ का 12% भुगतान किया गया था, और यह भी सुझाव दिया कि उनका चरित्र ज़ोर-एल "एक सूटकेस या एक हरा बैगेल" होना चाहिए। फिल्म के निर्माता इल्या साल्किंड याद करते हैं कि "हे

भगवान, यह खत्म हो गया है, फिल्म नहीं होगी। यह आदमी सब कुछ नष्ट कर देगा, यह असंभव है, जोर-एल एक बैगेल होगा।" शुक्र है कि निर्देशक रिचर्ड डोनर ने कदम रखा और ब्रैंडो के दिमाग को बदलने में कामयाब रहे।

वह एपोकैलिप्स नाउ के सेट पर इतना भारी दिखाई दिया कि निर्देशक को उसे लगभग पूरी तरह से छाया में शूट करना पड़ा एपोकैलिप्स नाउ के फिल्मांकन के दौरान ब्रैंडो का वजन 21 पत्थर (लगभग 133 किग्रा) से अधिक था, जिससे निर्देशक फ्रांसिस फोर्ड कोपोला को लगभग पूर्ण अंधेरे में फिल्माने के लिए मजबूर होना पड़ा। 1990 के दशक के मध्य तक, ब्रैंडो के वजन में और भी अधिक वृद्धि होने की सूचना मिली थी, जिसके कारण टाइप 2 मधुमेह सहित कई अलग-अलग स्वास्थ्य समस्याएं हुईं।

वह माइकल जैक्सन के अच्छे दोस्त थे ब्रैंडो माइकल जैक्सन के अच्छे दोस्त थे और कहा जाता है कि वे दिवंगत पॉप स्टार के नेवरलैंड रेंच में एक सप्ताह तक रहे थे। ब्रैंडो के बेटे मिको ने अपने पिता के निधन के बाद भी कई वर्षों तक जैक्सन के निजी सहायक और अंगरक्षक के रूप में काम किया।

7

ग्रेगरी पेक असली सितारा

ग्रेगरी ने दर्शकों को 20 से अधिक वर्षों तक मंत्रमुग्ध कर दिया। पेक ने 1940-1960 के दशक की कुछ सबसे प्रतिष्ठित बॉक्स ऑफिस स्मैश हिट फिल्मों में अभिनय किया, जैसे द ईयरलिंग (1946), जेंटलमैन एग्रीमेंट (1947) ट्वेल्व ओ'क्लॉक हाई और स्पेलबाउंड (1945)। अमेरिकी फिल्म संस्थान ने ग्रेगरी नं। 12 सर्वकालिक महान अमेरिकी अभिनेताओं में। उन्हें उनके मानवीय प्रयासों के लिए स्वतंत्रता का राष्ट्रपति पदक भी मिला है और वह इंटरनेशनल बेस्ट ड्रेस्ड लिस्ट हॉल ऑफ फ़ेम में भी शामिल हैं।

जब ग्रेगरी पेक अपने प्रशंसकों और सह-कलाकारों को झकझोर नहीं रहा था, तो वह उन्हें सोचने पर मजबूर कर रहा था। अपनी फिल्मों और अपने निजी जीवन दोनों में, पेक कठिन प्रश्न पूछना चा:असली सिताराहता था - और वह बातचीत को आगे बढ़ाने के लिए अपने करियर को लाइन में लगाने से नहीं डरता था। लेकिन जब उन्होंने एक ईमानदार सज्जन होने के लिए ख्याति प्राप्त की, पेक हमेशा एक संत नहीं थे। वास्तव में, उन्होंने अपने जीवन के अधिकांश समय के लिए अपने सबसे बड़े रहस्य को ताला और चाबी के नीचे रखा - और यह सर्वथा निंदनीय था। 1. उसने उन्हें गिरते हुए देखा ग्रेगरी पेक का जन्म 5 अप्रैल, 1916 को कैलिफोर्निया के सैन डिएगो के समुद्र तटीय इलाके में हुआ था। हालांकि, उनकी शुरुआत सुखद जीवन के अलावा कुछ भी थी।

आप देखिए, उसके माता-पिता ज़रा भी संगत नहीं थे, और जब वह पाँच साल का था, तब तक वह अपने माता-पिता के अलग होने के दौरान दुखी होकर देखता था। हालाँकि, यह सबसे दिल तोड़ने वाला हिस्सा नहीं था। 2. उसने परित्यक्त महसूस किया जब पेक के माता-पिता अलग हो गए, तो वे केवल एक ही बात पर सहमत हुए, और यह बहुत विनाशकारी था: उनमें से कोई भी अपने बेटे की परवरिश नहीं करना चाहता था। शुक्र है कि उसकी दादी ने कदम बढ़ाया और युवा लड़के को पालने की पेशकश की। कोई भी नहीं जानता कि मिस्टर और मिसेज पेक ने अपने बच्चे से मुंह क्यों मोड़ लिया, लेकिन एक बात स्पष्ट है: हालांकि भाग्य ने उसे एक दुर्भाग्यपूर्ण हाथ दिया, पेक के शुरुआती परीक्षणों ने उसे और अधिक चीजों

की ओर अग्रसर किया। 3. उसने उन सभी को देखा पेक की दादी ने उस स्थान पर कब्जा कर लिया था जहां उसके माता-पिता ने गेंद को गिराया था, लेकिन यह स्पष्ट नहीं है कि वह एक प्रतिस्थापन माता-पिता की कितनी अच्छी थी। हालाँकि, हम एक बात जानते हैं: सप्ताह में एक बार, उसकी दादी उसे तैयार करती थी और उसे उतार देती थी - चर्च नहीं, जैसा कि आप उम्मीद कर सकते हैं - लेकिन फिल्मों के लिए। पेक ने उन सभी को देखा, और इसका निश्चित रूप से उनके भविष्य के करियर विकल्प पर प्रभाव पड़ा।

3. उसने उन सभी को देखा पेक की दादी ने उस स्थान पर कब्जा कर लिया था जहां उसके माता-पिता ने गेंद को गिराया था, लेकिन यह स्पष्ट नहीं है कि वह एक प्रतिस्थापन माता-पिता की कितनी अच्छी थी। हालाँकि, हम एक बात जानते हैं: सप्ताह में एक बार, उसकी दादी उसे तैयार करती थी और उसे उतार देती थी - चर्च नहीं, जैसा कि आप उम्मीद कर सकते हैं - लेकिन फिल्मों के लिए। पेक ने उन सभी को देखा, और इसका निश्चित रूप से उनके भविष्य के करियर विकल्प पर प्रभाव पड़ा। हालाँकि, यह शगल हमेशा उतना मज़ेदार नहीं था जितना लगता था। 4. वह फिल्मों से डरता था यह पता चला कि दादी को अपनी फिल्म के चुनाव में थोड़ा और सावधान रहना चाहिए था। जब पेक सिर्फ नौ साल की थी, तो वह उसे द फैंटम ऑफ द ओपेरा देखने के लिए ले गई। फिल्म से पूरी तरह परेशान होकर उन्होंने कुछ अपमानजनक किया। कुछ दृश्यों से प्रेतवाधित, वह अपनी दादी के कमरे में फिसल गया और उसके बगल में सो गया। हो सकता है कि पेक के अनुपस्थित माता-पिता ने अपने बेटे के डर के बारे में सुना और चिंतित हो कि वह नरम हो रहा है। इसका समाधान करने के लिए, उन्होंने एक चरम निर्णय लिया। 5. उनके दिन गिने जाते थे पेक दादी के साथ रहने और सप्ताह में एक बार फिल्मों में आने के लिए काफी आरामदायक रहा होगा। लेकिन उनके लापरवाह दिन कभी खत्म नहीं होने वाले थे। एक बार जब वह अपने दसवें वर्ष में पहुँच गया, तो दादी के घर में उसका शांत जीवन अचानक समाप्त हो गया। उनके माता-पिता ने एक चौंकाने वाला निर्णय लिया था: वे पेक को एक कैडेट स्कूल में भेज रहे थे - और उस पर एक कैथोलिक। 6. उसे नुकसान हुआ अपनी दादी को एक चुंबन अलविदा देते हुए, पेक अनिच्छा से कैडेट स्कूल चला गया। दुख की बात है कि उसने उसे आखिरी बार देखा होगा। जब वह दूर था, उसकी दादी गुजर गई, पेक को बिल्कुल अकेला छोड़ दिया। इसने उसके माता-पिता के पास कोई विकल्प नहीं छोड़ा: वे अपने बेटे के जीवन में वापस जाने के लिए बाध्य थे ... या कम से कम, उनमें से एक को तो होना ही था। पलक झपकते ही उनका जीवन उल्टा हो गया था...लेकिन यह तो बस शुरुआत थी। 7. वह खोया हुआ महसूस किया जल्द ही, पेक ने खुद को पिताजी के साथ रहने और सैन डिएगो हाई स्कूल में भाग लेने के लिए पाया। 1934 में, उनका तबादला शिक्षक महाविद्यालय में हो गया। यह यहाँ था कि पेक को कुछ ऐसा मिला जिससे वह प्यार करता था - थिएटर। उन्होंने अभिनय और सार्वजनिक भाषण में पाठ्यक्रम लेना शुरू कर दिया। थिएटर की क्लास तो ठीक चल रही थी, लेकिन स्कूल पढ़ा रहे थे? इतना नहीं। पेक को एक बदलाव की जरूरत थी, लेकिन, पूर्णकालिक अभिनय

वर्ग में जाने के बजाय, उन्होंने एक चौंकाने वाला निर्णय लिया। 8. वह भुगतान नहीं कर सका जाहिर है, ग्रेगरी पेक दीवार पर लिखा हुआ नहीं देख सकता था और थिएटर के बजाय उसने चिकित्सा का अध्ययन करने का फैसला किया। जैसा कि हम पहले से ही जानते हैं, यह महत्वाकांक्षा शुरू से ही बर्बाद हो गई थी। चिकित्सा का अध्ययन करने के लिए, पेक ने बर्कले में कैलिफोर्निया विश्वविद्यालय में दाखिला लिया। हालाँकि उनकी वार्षिक ट्यूशन केवल $26 प्रति वर्ष थी, गरीब पेक मुश्किल से लागत को कवर करने के लिए पर्याप्त था। अपनी ज़रूरतों को पूरा करने के लिए, उन्होंने एक ऐसा काम किया, जिसने बहुत सारी भौंहें उठाईं। 9. उन्होंने महिलाओं को खिलाया पेक को अपनी ट्यूशन का भुगतान करने के लिए पैसे की जरूरत थी और उसे इसे किसी तरह अर्जित करना था, इसलिए उसने एक नीच काम लिया: वह एक हैशर बन गया - एक रसोई सहायक। यह इतना अधिक काम नहीं था जो निंदनीय था, लेकिन यह वह जगह थी जहां उन्होंने इसे करने के लिए चुना- गामा फी बीटा सोरोरिटी। सोरोरिटी बहनों की खुशी की कल्पना करें जब उन्होंने रसोई में झाँका और देखा कि छह फुट-तीन रोइंग टीम के सदस्य अपने नाश्ते के लिए गर्म केक उड़ा रहे हैं। उनकी उपस्थिति निश्चित रूप से प्रभावशाली थी, और जाहिर है, उनके पास मिलान करने के लिए एक आवाज थी-शहद के रूप में गर्म, और पूरी तरह से छेड़छाड़ करने योग्य। 10. उसने अंत में प्रकाश देखा परिसर के आसपास, पेक ने अपनी आवाज के लिए बहुत ध्यान आकर्षित किया। यह गहरा और सुव्यवस्थित था और एक अभिनय कोच का ध्यान आकर्षित करता था। कोच के माध्यम से, पेक ने आखिरकार महसूस किया कि उन्हें अभिनय का अध्ययन करना चाहिए न कि दवा का। जल्द ही वह नाटकों में दिखाई देने लगे- अकेले अपने वरिष्ठ वर्ष में पाँच। बाद में उन्होंने कहा कि बर्कले में उनका समय उनके जीवन का सबसे अच्छा समय था। पेक ने महसूस किया कि वह अंततः वास्तविक दुनिया के लिए तैयार था, लेकिन क्या वह वास्तव में था? 11. उसने बड़े सेब का एक टुकड़ा लिया पेक ने महसूस किया कि वह बर्कले छोड़ने के लिए तैयार है, लेकिन दुर्भाग्य से, वह एक छोटा कोर्स था। अधीर और आवेगी, उन्होंने अपनी कड़ी मेहनत की डिग्री के बिना परिसर को छोड़कर, एक लापरवाह विकल्प बनाया। पेक के लिए, हालांकि, बादल आखिरकार साफ हो गए थे। वह वास्तव में जानता था कि वह क्या बनना चाहता है, और ब्रॉडवे पर एक स्टार बनने के सपने के साथ सीधे बिग एपल की ओर चल पड़ा। उनका पहला पड़ाव कुछ महंगी कक्षाओं के लिए नेबरहुड प्लेहाउस था। लेकिन जब उसका पाठ प्लेहाउस में होता था, तो उसका शयनकक्ष कभी-कभी आश्चर्यजनक और खतरनाक जगह पर होता था। 12. वह रफ रहते थे पेक न्यूयॉर्क शहर में एक संघर्षरत अभिनेता के रूप में अपने लंबे पैरों को फैलाकर सपना जी रहा था। लेकिन, जल्द ही, उनकी बोहेमियन जीवनशैली ने एक दुखद मोड़ ले लिया। कभी-कभी, पेक सचमुच बेघर था और उसे बहुत ही डरावनी जगह-सेंट्रल पार्क में सोना पड़ता था। उसे एक आय की सख्त जरूरत थी ताकि वह कर सके,

अपने शिल्प को सीखना जारी रखें और ऑडिशन में भाग लें। अभिनय निश्चित रूप से बिलों का भुगतान नहीं कर रहा था, इसलिए उसने कुछ असामान्य नौकरियों की ओर रुख किया। 13. वह भौंकता है अपनी जरूरतों को पूरा करने के लिए—और पार्क से बाहर रहने के लिए—पेक ने 1939 के विश्व मेले में काम किया। वहां, वह एक भौंकने वाला व्यक्ति था - वह गुस्सा करने वाला आदमी जो तेज-तर्रार आवाज में बोलता है और राहगीरों को एक शो के लिए भुगतान करने के लिए प्रोत्साहित करता है। वह 30 रॉक में पेज प्रोग्राम में भी शामिल हुए और वहां और रेडियो सिटी म्यूजिक हॉल में भ्रमण किया। हालाँकि, यह सब तब तक समय लगा रहा था जब तक कि उसका सितारा नहीं बढ़ जाता। 14. उसके पास एक बड़ी दुविधा थी जब पेक को उनकी पहली वास्तविक भूमिका मिली, तो वह सैन फ्रांसिस्को में थी, न कि न्यूयॉर्क शहर में। डॉक्टर की दुविधा जॉर्ज बर्नार्ड शॉ का एक नाटक था और इसे दिसंबर 1941 में खोला गया था। उनकी खुशी के लिए, पेक आखिरकार एक अभिनेता के रूप में जीवनयापन करना शुरू कर रहे थे, जिसका अर्थ था कि वह अपने सिर पर छत का खर्च उठा सकते थे। लेकिन, नाटक के उद्घाटन के एक हफ्ते बाद, एक विश्व स्तर पर त्रासदी हुई: जापानी ने पर्ल हार्बर को मारा। संयुक्त राज्य अमेरिका अब WWII में भागीदार था और उसे हर उपलब्ध युवा की जरूरत थी। क्या यह पहले से ही ग्रेगरी पेक के अभिनय करियर का अंत था? 15. यह एक निश्चित बात की तरह लग रहा था कि पेक, उसके सभी छह फीट, को WWII के दौरान अपने देश की सेवा करनी होगी - सिवाय इसके कि वह बाहर था। अभिनय स्कूल में वापस, पेक ने प्रशिक्षण के दौरान खुद को घायल कर लिया था। नृत्य की कठोरता ने उसे बेहतर बना दिया था और उसने अपनी पीठ को गंभीर रूप से घायल कर लिया था। इस वजह से सेना उसे बिल्कुल नहीं चाहती थी। खैर, सेना का नुकसान ब्रॉडवे का लाभ था। 16. वह व्यस्त हो गया चूंकि अमेरिकी सरकार ने देश के लिए लड़ने के लिए इतने सारे युवकों को बुलाया था, वहां पुरुषों की कमी थी। पेक ने स्लैक उठाया और WWII के दौरान, 50 नाटकों में दिखाई दिए- उनमें से तीन ब्रॉडवे पर थे। उन्होंने रोड टूर और समर थिएटर भी किया। यूरोप में लड़ाई, जबकि एक विशाल त्रासदी, पेक के मंच कैरियर के लिए चमत्कार कर रही थी। ज़रूर, उन्हें भूमिकाएँ मिल रही थीं, लेकिन पेक भी पुरुषों की कमी का उपयोग अपने लाभ के लिए दूसरे, अधिक घिनौने तरीके से कर रहा था। 17. उसने एक विजेता चुना इतने सारे पुरुषों से लड़ने के साथ, पेक के पास निश्चित रूप से महिलाओं की अपनी पसंद थी। काफी खोजबीन के बाद आखिरकार उन्होंने ग्रेटा कुक्कोनेन को चुना। वह एक फिनिश सौंदर्य और व्यवसायी थी, जो कि हांफ रही थी - उससे पांच साल बड़ी थी। दोनों ने 1942 में शादी की और तीन बच्चे पैदा किए: सभी लड़के। लेकिन पुरुषों की कमी ने पेक को सिर्फ पत्नी खोजने में मदद नहीं की। इसने उन्हें अपने करियर में एक बड़े बदलाव में भी मदद की। 18. 1944 में, पेक फिल्म में चले गए और उनकी पहली कोशिश डेज़ ऑफ़ ग्लोरी थी। विडंबना यह है कि यह WWII में स्थापित एक फिल्म थी - एक ऐसी स्थिति जिसका पेक ने अनुभव नहीं किया था। खाइयों के आसपास अपना रास्ता न जानने के अलावा, पेक को

फिल्म अभिनय के बारे में भी नहीं पता था क्योंकि वह केवल मंच पर ही था। उनके प्रदर्शन को और अधिक स्वाभाविक बनाने के लिए फिल्म के निर्देशक ने उन्हें "अप्रशिक्षित" करने में काफी समय बिताया। हालाँकि, आलोचनात्मक प्रतिक्रिया के आधार पर, यह पर्याप्त नहीं था। 19. वह कठोर था आलोचकों को डेज़ ऑफ़ ग्लोरी पसंद नहीं आया और वे विशेष रूप से पेक को पसंद नहीं करते थे। न्यूयॉर्क टाइम्स ने पेक को सभी की सबसे खराब समीक्षा दी: उन्होंने अपने अभिनय को कठोर कहा। हालांकि, पुरुष अभिनेताओं की कमी के कारण, निर्माता अभी भी उन्हें अपने रोस्टर के लिए चाहते थे। लेकिन, भले ही उसके पास आश्वस्त होने का अधिक कारण नहीं था, फिर भी वह किसी तरह शक्तिशाली और डराने वाले स्टूडियो प्रमुखों के सामने खड़ा हो गया।

20. उनके पास प्रतिबद्धता के मुद्दे थे पेक उन भूमिकाओं को करने में फंसना नहीं चाहता था जो एक स्टूडियो ने उन्हें पेश की थी। इसलिए, एक स्टूडियो के साथ अनुबंध पर हस्ताक्षर करने के बजाय, उन्होंने सिस्टम को नुकसान पहुंचाया और चार अलग-अलग स्टूडियो के साथ हस्ताक्षर किए। यह तब पूरी तरह से अनसुना था। पेक ने इसे बनाया था: वह एक स्वतंत्र अभिनेता थे और अपनी इच्छानुसार कोई भी भूमिका चुन सकते थे। ऐसा कहा जा रहा है, उन्होंने जीवन भर का हिस्सा चुनना समाप्त कर दिया ... सचमुच। 21. यदि पेक का लक्ष्य अपने अभिनय की झलक दिखाना था, तो वह निश्चित रूप से अपनी पसंद की भूमिका में पीछे नहीं हटे। 1944 में द कीज़ ऑफ़ द किंगडम में, पेक एक पुजारी की भूमिका निभाते हैं, जो न केवल लगभग हर दृश्य में है, बल्कि लगभग असंभव को भी करना है: उम्र अपने बिसवां दशा से लेकर अस्सी के दशक तक। पेक को एक बड़ी हिट होने के लिए बिल्कुल इसकी आवश्यकता थी- लेकिन फिल्म एक बड़ा जोखिम था। 22. वह बाहर खड़ा था दुर्भाग्य से, आलोचकों ने द कीज़ ऑफ़ द किंगडम को लंबे, बातूनी, और कुछ बहुत आवश्यक नाटक की कमी के रूप में देखा। और मामले को बदतर बनाने के लिए, यह निश्चित रूप से बॉक्स ऑफिस पर प्रदर्शन नहीं कर पाई। क्या यह पेक के करियर का अंत था? आस - पास भी नहीं। एक सुखद मोड़ में, आलोचकों ने पेक के प्रदर्शन को बहुत पसंद किया, और उन्हें अकादमी से सर्वश्रेष्ठ अभिनेता के लिए भी मंजूरी मिली। 20वीं सेंचुरी फॉक्स अपने नए सितारे के साथ चाँद के ऊपर थी, और वे जनता को उसके प्यार में पड़ने के लिए आवश्यक कुछ भी करेंगे।

और वे उसके बारे में और जानना चाहते थे। उनके पहले प्रश्नों में से एक था: वह अपने देश की सेवा क्यों नहीं कर रहे थे? WWII अभी भी उग्र था और फिर भी पेक राज्य के किनारे बना रहा। सच्चाई - कि वह आधुनिक नृत्य करते हुए अपनी पीठ को चोट पहुँचाएगा - ऐसा कुछ नहीं था जो 20 वीं शताब्दी के फॉक्स ने सोचा था कि वह अपने प्रशंसकों के लिए आसक्त होगा। यह स्टूडियो के लिए वह करने का समय था जो उन्होंने सबसे अच्छा किया: अपने सिर को लेट जाओ। 24. वह सब मनुष्य था 20th सेंचुरी फॉक्स के सूट अपने नए बड़े सितारे को मर्दाना के रूप में चित्रित करना चाहते थे। इसलिए, डांस क्लास में पेक की छोटी सी गिरावट इसे अपने देश के लिए नहीं लड़ने के बहाने के रूप में काटने वाली

नहीं थी। उन्होंने कड़ी मेहनत से पेक के इतिहास की खोज की, और सही निर्माण पाया: उन्होंने कहा कि वह रोइंग अभ्यास के दौरान खुद को चोट पहुंचाएगा। इस बहाने ने उनकी अति-मर्दाना छवि को बनाए रखने में मदद की। लेकिन क्या वह अपने अगले डराने वाले निर्देशक का सामना करने के लिए पर्याप्त थे? 25. वह चयनात्मक हो गया पेक ने ऐसी भूमिकाएँ चुनना और चुनना जारी रखा जो उनकी उल्लेखनीय प्रतिभा को प्रदर्शित करें। 1945 में, उन्होंने सस्पेंस किंग अल्फ्रेड हिचकॉक के साथ काम करने का विकल्प चुना। यह फिल्म स्पेलबाउंड थी - उमस भरे और विवादास्पद सह-कलाकार, इंग्रिड बर्गमैन के साथ एक रोमांटिक थ्रिलर। हालांकि यह सच था कि पेक ने हिचकॉक के साथ काम करना चुना, आप कह सकते हैं कि भावनाएं परस्पर नहीं थीं। 26. उसे एक अच्छा स्वागत मिला स्पेलबाउंड पर काम करने वाले क्रू ने कुछ बहुत ही अजीब देखा: हिचकॉक पेक के साथ उतना अनुकूल नहीं था। दोनों सौहार्दपूर्ण थे, लेकिन उनकी बातचीत बहुत अच्छी थी। पेक अभी भी हॉलीवुड के लिए अपेक्षाकृत नया था, इसलिए निर्देशक का रवैया उसके आत्मविश्वास पर एक नंबर कर रहा था। इसमें कुछ समय लगा, लेकिन पेक को आखिरकार सच्चाई का पता चल गया- और यह निश्चित रूप से ऐसा कुछ नहीं था जिसे वह सुनना चाहता था। 27. वह एक सांत्वना पुरस्कार था हिचकॉक इसे पेक के साथ अच्छा खेल रहा था, और एक बहुत अच्छे कारण के लिए: वह उसे फिल्म में नहीं चाहता था। हिचकॉक भूमिका के लिए अधिक स्थापित कैरी ग्रांट पर भरोसा कर रहा था, इसलिए वह एक शिकायत कर रहा था। एक ऐसे निर्देशक के साथ काम करना जो आपको फिल्म में नहीं चाहता था, मैं वैसे भी, भीषण और अप्रिय काम की कल्पना करता हूं। पेक का एकमात्र सहयोगी आकर्षक बर्गमैन लग रहा था। लेकिन यहां तक कि शुरुआत के तनाव ने सब कुछ बर्बाद करने की धमकी दी, पूरी परियोजना के नतीजे ने पेक के लिए सबकुछ बदल दिया। 28. वे चुप नहीं रह सके स्पेलबाउंड के निर्माता डेविड ओ सेल्ज़निक ने अपनी नई फिल्म के पूर्वावलोकन के दौरान कुछ अजीब देखा। यह पता चला कि पेक के स्क्रीन पर आने पर दर्शकों में महिलाएं एक-दूसरे से बात करना बंद नहीं कर सकती थीं। वास्तव में, पुरुष दर्शकों के सदस्यों को थिएटर में महिलाओं को चुप कराना पड़ा। जाहिर है, जब भी उसका सुंदर चेहरा दिखाई देता था, पेक की उपस्थिति किसी प्रकार की कामुक हलचल पैदा कर रही थी। हालाँकि, यह सिर्फ उसका चेहरा नहीं था जिसने हलचल मचाई। 29. वह एक घटना थी सेल्ज़निक, स्पेलबाउंड की बाद की स्क्रीनिंग पर, कुछ और भी चौंकाने वाला देखा। महिला दर्शकों ने अपनी कामेच्छा की बकबक तब शुरू नहीं की जब उन्होंने उन्हें पहली बार पर्दे पर देखा था - यह उससे भी पहले था। शुरुआती क्रेडिट में उनका नाम देखकर महिलाओं ने पेक पर प्रतिक्रिया देना शुरू कर दिया। स्पेलबाउंड को छह अकादमी पुरस्कार नामांकन प्राप्त हो सकते हैं, लेकिन यह घटना चार्ट से बाहर थी। जब पेक को महिलाओं पर उसके प्रभाव के बारे में पता चला, तो उसने वही किया जो कोई भी पुरुष करेगा: उसने पैसे कमाने के लिए इस नई शक्ति का इस्तेमाल किया। 30. वह चला गया Lusty बाद के वर्षों में, पेक ने पारिवारिक नाटक, द ईयरलिंग का अनुसरण किया, जिसमें

कुछ अधिक निंदनीय था। 1946 के पश्चिमी द्वंद्वयुद्ध ने जल्दी ही एक शरारती उपनाम अर्जित किया: "लस्ट इन द डस्ट।" इसे एक बहुत अच्छे कारण के लिए नाम मिला - यह पूरी तरह से नैतिक था। जबकि आलोचकों ने इसे निंदनीय करार दिया, कुछ शहरों को थोड़ा और बाहर कर दिया गया और इसे पूरी तरह से प्रतिबंधित कर दिया गया। यह इस तरह का नकारात्मक प्रचार था जो एक अभिनेता की प्रतिष्ठा को नष्ट कर सकता था। लेकिन पेक ने आगे जो किया वह उनके करियर पर हमेशा के लिए ताबूत को सील करने की क्षमता रखता था। 31. उसने शिकार का विरोध किया WWII के ठीक बाद, कुछ अमेरिकियों को डर था कि हॉलीवुड में कम्युनिस्ट उपस्थिति थी। इसका मुकाबला करने के लिए, उन्होंने गैर-अमेरिकी गतिविधियों पर हाउस कमेटी की स्थापना की। हॉलीवुड के कई सितारों के मुसीबत में पड़ने के साथ यह एक डायन हंट जैसा बन गया। पेक एक बहादुर व्यक्ति थे और उनका मानना था कि समिति ही गैर-अमेरिकी थी। उन्होंने अपने कार्यों की निंदा करते हुए एक विवादास्पद पत्र पर हस्ताक्षर करके अपने करियर को जोखिम में डाला। अब जब पेक ने डायन का शिकार कर लिया था, तो वह अपने अगले विवादास्पद कारण के लिए तैयार था। 32. उन्होंने एक मुद्दा लिया ड्यूएल इन द सन के बाद, पेक स्पष्ट रूप से यह सुनिश्चित करना चाहता था कि जनता उसे एक बीफकेक स्टार से अधिक के रूप में देखे। ऐसा करने के लिए, उन्होंने जेंटलमैन एग्रीमेंट में गंभीर अभिनेता का रास्ता अपनाया। 1947 के इस नाटक में पेक के चरित्र को पहले हाथ से कट्टरता का अनुभव करने के लिए यहूदी होने का नाटक करते देखा गया।

सर्वश्रेष्ठ अभिनेता के रूप में पेक के लिए एक सहित ne को आठ नामांकन मिले। फिर भी, पेक की मुखर राय ने उन्हें उन भूमिकाओं को लेने से नहीं रोका जो सीधे उनके धर्मी कारणों के सामने उड़ती थीं। 33. वह एक आजीवन मित्र से मिला कम्युनिस्ट डायन हंट के खिलाफ घोषणा पर हस्ताक्षर करने के बाद, पेक ने आखिरी काम किया जो उन्हें करना चाहिए था: उन्होंने एक रूसी की भूमिका निभाई। यह 1949 की जुआ फिल्म थी, द ग्रेट सिनर विद एवा गार्डनर- और इसने एक खूबसूरत दोस्ती की शुरुआत की। पेक और गार्डनर ने इसे प्रसिद्ध रूप से हिट किया और अपने पूरे जीवनकाल में करीब रहे। बाद में, उन्होंने उन्हें अपना पसंदीदा सह-कलाकार भी कहा। हालाँकि, जब गार्डनर 1990 में गुजरे, तो पेक ने कुछ बिल्कुल चौंकाने वाला किया। 34. उन्होंने अजीबोगरीब पलों को रखा पेक और गार्डनर चालीस से अधिक वर्षों तक दोस्त रहे। जब गार्डनर 67 वर्ष की आयु में निमोनिया से गुजरे, तो इसने पेक को तबाह कर दिया। मुझे लगता है कि शोक करने वाला अभिनेता गार्डनर को याद रखने के लिए कुछ चाहता था, लेकिन उसकी पसंद अपरंपरागत थी: वह अपने कुत्ते को ले गया और, अजनबी अभी भी, उसका गृहस्वामी। क्या गहने का एक टुकड़ा उपलब्ध नहीं था? 35. उसने पीछे की सीट ले ली पेक ने अंततः एक कॉमेडी के लिए अपना रास्ता खोज लिया, लेकिन यह आसानी से नहीं आया। फिल्म 1953 की रोमन हॉलिडे थी और इसमें बहुत कुछ था - पुरुष प्रधान के लिए नहीं, बल्कि महिला के लिए। यह ऑड्रे हेपबर्न की पहली

प्रमुख भूमिका थी और यह वह फिल्म थी जिसने उन्हें प्रसिद्ध बनाया। कैरी ग्रांट ने पुरुष नेतृत्व को ठुकरा दिया था, क्योंकि यह स्पष्ट रूप से हेपबर्न की सहायक भूमिका थी। पेक के पास हेपबर्न का समर्थन करने के बारे में ऐसी कोई योग्यता नहीं थी, लेकिन निश्चित रूप से उनकी प्रतिभाशाली अग्रणी महिला के बारे में कुछ कहना था। 36. उसने उसे ऊपर उठाया पेक सहित सभी के लिए यह स्पष्ट था कि हेपबर्न रोमन हॉलिडे के स्टार बनने जा रहे थे, इसलिए उन्होंने यह सुनिश्चित करने के लिए कुछ किया कि बाकी सभी भी इसे जानते हों। उन्होंने देखा कि पोस्टरों पर उनका नाम फिल्म के शीर्षक के ऊपर दिखाई देने वाला था जबकि उनका नाम नीचे था। बाद में, पेक ने स्वीकार किया कि उसने अपने एजेंट से कहा, "मैं इस लड़की को उसकी पहली तस्वीर में ऑस्कर जीतने के बारे में जानने के लिए काफी समझदार हूं, और अगर उसका नाम शीर्ष पर नहीं है तो मैं एक शापित मूर्ख की तरह दिखने जा रहा हूं मेरे साथ।" ध्यान रहे, उसने सुनिश्चित किया कि उसका नाम उसके नीचे था। आखिर वह संत नहीं थे। 37. उसने छुट्टी ली रोमन हॉलिडे के बाद, पेक ने खुद की छुट्टी ली। क्योंकि अमेरिका में कर की दर में वृद्धि हुई थी - विशेष रूप से अभिनेताओं जैसे उच्च आय वालों के लिए - पेक एक बचाव का रास्ता तलाश रहा था। उन्होंने पाया कि अगर उन्होंने विदेशों में विस्तारित अवधि के लिए काम किया, तो उन्होंने कम कर का भुगतान किया। हालांकि यह वास्तव में एक छुट्टी नहीं थी - उन्होंने यूके, जर्मनी और श्रीलंका में फिल्मों में काम किया - यह करों का भुगतान करने से छुट्टी थी। पेक विदेश में काम करने के लिए पुरस्कृत होने वाला था, लेकिन उस तरह से नहीं जैसा वह चाहता था। 38. वह जीत या जगह नहीं था विदेशों में अपने सभी अभिनय के साथ, पेक ने एक अंतरराष्ट्रीय ख्याति प्राप्त की। यूके में, आलोचकों ने उत्कृष्ट प्रदर्शन के लिए पुरस्कार दिए।

1954 में, गैर-ब्रिटिश सितारों के लिए एक विशेष श्रेणी थी और पेक इस पुरस्कार के लिए काफी तैयार थे। जब विजेता की घोषणा करने का समय आया, हालांकि, परिणाम ने पेक को विफल कर दिया: वह निराशाजनक तीसरे स्थान पर आया। तीसरा स्थान पेक के साथ अच्छी तरह से नहीं बैठा- लेकिन, अंत में, विदेश में उनके काम ने उन्हें एक बेहतर पुरस्कार दिया। बहुत पहले, उसने किसी के दिल में सबसे पहले रखा। 39. उसने फिर कोशिश की 1952 में वापस, एक फ्रांसीसी पत्रकार वेरोनिक पासानी ने पेक का साक्षात्कार लिया और उन पर काफी प्रभाव डाला। उस समय, पेक अपनी पत्नी से अलगाव के दौर से गुजर रहा था, लेकिन डेढ़ साल बाद, जब उसकी शादी तय हो गई, तो पेक ने पत्रकार को दोपहर के भोजन के लिए कहा। आदमी ने एक सेकंड भी बर्बाद नहीं किया। पहली पत्नी से पेक के तलाक के एक दिन बाद दोनों ने शादी के बंधन में बंध गए।

पेक ने पासानी को वापस राज्यों में लाया, और वे जीवन भर साथ रहे। 40. उन्होंने इसे व्यक्तिगत रूप से लिया एक बार जब वह अमेरिका लौटा, तो पेक ने 1956 के द मैन इन द ग्रे फलालैन सूट में अभिनय किया। वह अपने ड्यूएल इन द सन के सह-कलाकार, जेनिफर जोन्स के साथ वापस आ गए थे। लेकिन जोन्स को एक निश्चित शिकायत थी। वास्तव

में, उन दृश्यों के दौरान जहां उनके दो पात्रों ने बहस की, जोन्स उसके चेहरे पर हाथ फेरता रहा। पेक ने कथित तौर पर निर्देशक से शिकायत की: "मैं उस अभिनय को नहीं कहता, मैं इसे व्यक्तिगत कहता हूं।" लेकिन जोन्स का पंजा उनकी अगली फिल्म में छिपे खतरों की तुलना में कुछ भी नहीं होगा। 41. उनका जीवन संकट में था अगर पेक अपने दांतों को डुबोने के लिए एक बड़ी फिल्म की तलाश में था, तो उसे निश्चित रूप से 1 9 56 के मोबी डिक में मिला। निर्देशक जॉन हस्टन को पेक को समझाना पड़ा कि वह कैप्टन अहाब की मुख्य भूमिका के लिए सही थे - एक व्यक्ति जो व्हेल से बदला लेने के लिए जुनूनी था। शूटिंग वास्तव में काफी खतरनाक थी और फिल्मांकन के दौरान पेक लगभग दो बार डूब गया। और वह आलोचकों के पास पहुंचने से पहले ही था।

8

हॉलीवुड: हसीन रातपरियाँ

लोरेटा यंग

लोरेटा यंग एक दिलचस्प और लंबे करियर का दावा करती है। उसने अभिनय करना शुरू कर दिया, आखिरकार, जब वह केवल दो या तीन साल की थी! उनका करियर 1917 से 1953 तक फैला। कम टू द स्टेबल और द फार्मर्स डॉटर दोनों में उनके काम के लिए, अभिनेत्री को अकादमी पुरस्कार के लिए नामांकित किया गया था। 1930 से 1931 तक, लोरेटा यंग की शादी ग्रांट विदर्स से हुई थी, हालाँकि उनका स्पेंसर ट्रेसी के साथ सार्वजनिक संबंध भी था। आठ साल की उम्र में, उसने धूम्रपान की आदत डाल ली, हालांकि उसने 1980 के दशक में 10 पाउंड कमाने के लिए छोड़ दिया।

जैकलीन बिसेट

जैकलीन बिसेट एक अंग्रेजी अभिनेत्री हैं जो 1960 के दशक की शुरुआत में विभिन्न फिल्मों में दिखाई दी थीं। यह वही समय था जब वह हॉलीवुड की ब्लॉकबस्टर, बुलिट और अन्य में दिखाई दीं। वह धीरे-धीरे फ्रेंकोइस ट्रूफ़ोट द्वारा अपनी गंभीर भूमिकाओं के लिए पहचानी जाने लगी, जैसे डे फॉर नाइट में। उनके भीगे हुए सफेद टी-शर्ट के दृश्य में, 1977 की फिल्म द डीप में उनकी भूमिका प्रतिष्ठित हो गई। यह इतना पौराणिक है कि यही कारण है कि गीली टी-शर्ट प्रतियोगिता का उदय हुआ, जिसका लोग दावा करते हैं! तब से, अभिनेत्री मुख्य रूप से टेलीविजन फिल्मों और शो में दिखाई दी है।

ग्रेस केली

क्या आप जानते हैं कि मोनाको के राजकुमार रेनियर III से शादी करने से पहले ग्रेस केली ने उद्योग में केवल पांच साल तक काम किया था? उसकी सुंदरता और सुंदरता ने उसे उस समय के सबसे महान हॉलीवुड सितारों में से एक बना दिया, हालांकि यह बहुत छोटा है। राजकुमारी बनने के बाद, उन्होंने अभिनय करना बंद कर दिया, लेकिन इसने उन्हें कला के प्रचार और परोपकार पर ध्यान केंद्रित करने की अनुमति दी। दुर्भाग्य से, एक स्ट्रोक होने के बाद, घर से निकलते समय उसकी मृत्यु हो गई, जिसके परिणामस्वरूप एक भयानक कार

दुर्घटना हुई। यह अच्छी बात थी कि उसकी बेटी, जो उसके साथ थी, दुर्घटना में बच गई। कैमरों के सामने और पीछे, स्टार को क्लास और परिष्कार की छवि के लिए सबसे ज्यादा याद किया जाता है।

ऑड्रे हेपब्रन

ऑड्रे हेपबर्न ने इतने विशिष्ट और सुंदर दिखने का दावा किया कि कोई भी यह सुनकर आश्चर्यचकित नहीं हुआ कि उसने इसे बड़ा बना दिया है। रोमन हॉलिडे नामक क्लासिक फिल्म में ग्रेगरी पेक के साथ अभिनय करने के बाद, उन्हें स्टारडम में लॉन्च किया गया। एक बाफ्टा, एक गोल्डन ग्लोब और एक अकादमी पुरस्कार ने उन्हें यह भूमिका दिलाई। हुह। वाह। वह बाद में परोपकार और मानवीय कार्यों पर ध्यान केंद्रित करना चुनेंगी, जिसके लिए उन्हें बाद में सम्मानित किया जाएगा। 1993 में उन्होंने एक दुर्लभ प्रकार के पेट के कैंसर के कारण दम तोड़ दिया। आपको केवल इस बात पर विचार करने की आवश्यकता है कि वह अब भी कितनी प्रसिद्ध हैं यदि आपको उद्योग पर उनके प्रभाव के किसी सबूत की आवश्यकता है।

जीन श्रिम्प्टन

यह इस कारण से है कि दुनिया को अनुग्रहित करने वाले पहले सुपर मॉडल में से एक सूची में शामिल होगा! जीन श्रिम्प्टन भले ही अब एक बूढ़ी औरत हो, लेकिन जब वह छोटी थी तो वह प्रकाशनों के पन्नों पर छा जाती थी। हार्पर बाजार, वैनिटी फेयर, टाइम और वोग इन प्रकाशनों में से हैं। यह देखना आसान है कि उन्हें अतीत में फैशन उद्योग में सबसे महत्वपूर्ण व्यक्तियों में से एक क्यों नामित किया गया है।

कैट कीचड़

उसके बाद, हमारे पास एक और प्रसिद्ध अंग्रेजी मॉडल है! सारा डौकास ने केट मॉस को जेएफके हवाई अड्डे पर खोजा जब वह छोटी थी। क्या आप 14 साल की उम्र में स्टॉर्म मॉडल मैनेजमेंट के संस्थापक द्वारा स्काउट किए जाने की कल्पना कर सकते हैं? वाह। किसी भी मामले में, वह 1990 के दशक की हेरोइन ठाठ सौंदर्य के लिए पोस्टर गर्ल के रूप में प्रमुखता से बढ़ीं। उन्होंने एक व्यवसायी और एक फैशन संपादक योगदानकर्ता के रूप में भी काम किया है।

स्कारलेट जोहानसन

स्कारलेट जोहानसन गा सकती हैं, अभिनय कर सकती हैं और मॉडल बना सकती हैं, क्या आप जानते हैं? हम वही बात जानकर चकित रह गए। वह पूरे वर्षों में कई फिल्मों में दिखाई दी हैं, जिनमें लॉस्ट इन ट्रांसलेशन, मैच प्वाइंट, गर्ल विद ए पर्ल ईयरिंग और मैनी एंड लो शामिल हैं। अतीत में कई गोल्डन ग्लोब नामांकन प्राप्त करने के बावजूद, उसे अभी तक एक जीतना बाकी है। हालाँकि, उन्हें लॉस्ट एंड ट्रांसलेशन में चार्लट के रूप में उनके प्रदर्शन के लिए 2003 में एक ब्रिटिश अकादमी फिल्म पुरस्कार मिला।

'मेन्स हेल्थ' पत्रिका की 'ऑल-टाइम की 100 सबसे हॉट महिलाओं' की सूची में 12 वें स्थान पर, स्कारलेट जोहानसन को 'एस्क्वायर' पत्रिका द्वारा 'सेक्सिएस्ट वुमन अलाइव' के रूप में भी नामित किया गया था। यह चार बार की गोल्डन ग्लोब नामांकित अमेरिकी अभिनेत्री हॉलीवुड की सबसे प्रतिभाशाली, बहुमुखी अभिनेत्रियों में से एक है। उसने सफलतापूर्वक सीढ़ी पर अपना रास्ता बना लिया है, एक शक्तिशाली कलाकार के रूप में अपनी पहचान बनाई है और मनोरंजन उद्योग में 'ए लिस्ट' अभिनेत्रियों के बीच एक स्थान हासिल किया है। उनकी कुछ प्रसिद्ध फिल्मों में शामिल हैं, 'लॉस्ट इन ट्रांसलेशन', 'मैच प्वाइंट', 'द नैनी डायरीज', 'विकी क्रिस्टीना बार्सिलोना', 'द एवेंजर्स', 'हिचकॉक', 'गर्ल विद ए पर्ल ईयरिंग' और ' वह आपने इतना दिलचस्प नहीं है'। उन्हें व्यापक रूप से एक 'अद्वितीय सेक्स प्रतीक' के रूप में माना जाता है और उन्हें अपने शक्तिशाली ऑनस्क्रीन यौन व्यक्तित्व और अपील के लिए जाना जाता है। उन्हें दुनिया भर के कई प्रतिष्ठित प्रकाशनों में चित्रित किया गया है। मोहक आवाज, ड्रॉप-डेड गॉर्जियस लुक्स और बेहतरीन अभिनय कौशल के साथ, स्कारलेट जोहानसन एक शानदार युवा महिला है, जो आगे बढ़ने और लुभावने प्रदर्शन देने के लिए आश्वस्त है। वह न्यूयॉर्क में पैदा हुई थी और मैनहट्टन में प्रोफेशनल चिल्ड्रन स्कूल से स्नातक की उपाधि प्राप्त की थी।

करियर 2003 में, स्नातक होने के बाद, उन्होंने कॉमेडी ड्रामा फिल्म, 'लॉस्ट इन ट्रांसलेशन' में 'शार्लोट' के रूप में अपनी पहली वयस्क भूमिका की। उसी साल वह फिल्म 'गर्ल विद ए पर्ल ईयरिंग' में नजर आई थीं। 2004 में, उन्होंने फिल्म 'द स्पंज स्क्वायरपैंट्स मूवी' में एक आवाज की भूमिका निभाई। उस वर्ष, वह 'द परफेक्ट स्कोर', 'ए लव सॉन्ग फॉर बॉबी लॉन्ग', 'ए गुड वुमन' और 'इन गुड कंपनी' फिल्मों में भी दिखाई दीं। 2004 में, वह टीवी श्रृंखला, 'एंटॉरेज' के 'न्यूयॉर्क' एपिसोड में खुद के रूप में दिखाई दीं। बाद में उन्होंने टीवी शो, 'रोबोट चिकन' और 'सैटरडे नाइट लाइव' में आवाज की भूमिकाएँ निभाईं। 2005 में, उन्होंने अकादमी पुरस्कार नामांकित थ्रिलर फिल्म 'मैच पॉइंट' में 'नोला राइस' की भूमिका निभाई, जिसका निर्देशन वुडी एलन ने किया था। इसे उसी वर्ष कान फिल्म समारोह में प्रदर्शित किया गया था। 2006 में, उन्होंने अकादमी पुरस्कार नामांकित नव-नोयर अपराध नाटक फिल्म, 'द ब्लैक डाहलिया' में अभिनय किया, जिसे ब्रायन डी पाल्मा द्वारा निर्देशित किया गया था। उसी वर्ष, उन्हें 'द प्रेस्टीज' और 'स्कूप' फिल्मों में भी देखा गया था। 2007 में, उन्होंने कॉमेडी ड्रामा फिल्म, 'द नैनी डायरीज' में 'एनी ब्रैडॉक' की भूमिका निभाई, जिसका निर्देशन शैरी स्प्रिंगर बर्मन और रॉबर्ट पुलसिनी ने किया था। फिल्म एक मध्यम सफलता थी। 2008 में, उन्होंने कॉमेडी ड्रामा फिल्म, 'विकी क्रिस्टीना बार्सिलोना' में 'क्रिस्टीना' की भूमिका निभाई, जिसका निर्देशन वुडी एलन ने किया था। उसी वर्ष, फिल्म का प्रीमियर कान फिल्म समारोह में हुआ। वह उसी साल 'द अदर बोलिन गर्ल' और 'द स्पिरिट' फिल्मों में भी नजर आई थीं। 2009 में, उन्होंने फिल्म 'हीज़ जस्ट नॉट दैट इन्टू यू' में अन्ना मार्क की भूमिका निभाई। 2010 में वह फिल्म 'आयरन मैन 2' में

नजर आई थीं। अगले वर्ष, उन्होंने कैमरून क्रो कॉमेडी-ड्रामा फिल्म, 'वी बॉट ए जू' में 'केली फोस्टर' की भूमिका निभाई। 2012 में, उन्होंने जीवनी पर आधारित कॉमेडी-ड्रामा फिल्म, 'हिचकॉक' में अभिनय किया, जो कि महान अंग्रेजी फिल्म निर्माता, अल्फ्रेड हिचकॉक के जीवन से प्रेरित थी। उस साल वह फिल्म 'द एवेंजर्स' में भी नजर आई थीं। 2013 में, उन्होंने फिल्म 'हर' में एक आवाज की भूमिका निभाई। उस साल वह 'डॉन जॉन' और 'अंडर द स्किन' फिल्मों में भी नजर आई थीं। उन्होंने 2014 के सीक्वल 'कैप्टन अमेरिका: द विंटर सोल्जर' में सह-कलाकार क्रिस इवांस के साथ अपनी भूमिका दोहराई। फिल्म को फिल्म समीक्षकों से सकारात्मक समीक्षा मिली। 2014 की फिल्म 'शेफ' में, उसने मौली का किरदार निभाया और उसे जॉन फेवर्यू, रॉबर्ट डाउनी, जूनियर और सोफिया वर्गारा के साथ देखा गया। वह ल्यूक बेसन द्वारा निर्देशित एक साइंस फिक्शन एक्शन फिल्म 'लुसी' में भी दिखाई दीं, जो जुलाई 2014 में रिलीज़ हुई थी। फिल्म में उनके प्रदर्शन की आलोचकों ने प्रशंसा की थी। 2015 में, वह एक अमेरिकी सुपरहीरो फिल्म 'एवेंजर्स: एज ऑफ अल्ट्रॉन' फिल्म में नजर आई थीं। जोहानसन ने ब्लैक विडो (नताशा रोमानोवा) का किरदार निभाया, जो अमेरिकी कॉमिक किताबों में दिखाई देने वाला काल्पनिक सुपरहीरो था। 2016 में, उन्हें एक्शन फिल्म 'कैप्टन अमेरिका: सिविल वॉर' और कॉमेडी फिल्म 'हेल, सीज़र!' में कास्ट किया गया था। 'कैप्टन अमेरिका: सिविल वॉर' में अपने प्रदर्शन के लिए, उन्होंने सर्वश्रेष्ठ सहायक अभिनेत्री का सैटर्न अवार्ड जीता। 2017 में, जोहानसन ने 'घोस्ट इन द शेल' फ्रैंचाइज़ी के फिल्म रूपांतरण में साइबोर्ग मोटोको कुसानगी के चरित्र को चित्रित किया। उन्हें उसी वर्ष ब्लैक कॉमेडी फिल्म 'रफ नाइट' भी देखा गया था। 2017 में, उसने भी लहरें बनाईं, जब उसने पांचवीं बार टीवी शो 'सैटरडे नाइट लाइव' की मेजबानी की और एनबीसी स्केच कॉमेडी के प्रतिष्ठित फाइव-टाइमर्स क्लब में प्रवेश करने वाली चौथी महिला बनीं। प्रमुख कृतियाँ 'विकी क्रिस्टीना बार्सिलोना' एक व्यावसायिक सफलता थी, जिसने दुनिया भर में $96 मिलियन की कमाई की। फिल्म ने न्यूयॉर्क फिल्म क्रिटिक्स सर्कल और ब्रिटिश एकेडमी ऑफ फिल्म एंड टेलीविजन आर्ट्स से विभिन्न आलोचकों के पुरस्कार जीते। पुरस्कार और उपलब्धियां 2004 में, उन्होंने फिल्म 'लॉस्ट इन ट्रांसलेशन' के लिए 'एक अग्रणी भूमिका में एक अभिनेत्री द्वारा सर्वश्रेष्ठ प्रदर्शन' की श्रेणी के लिए बाफ्टा पुरस्कार जीता।

मेगन फॉक्स

मेगन फॉक्स ने 2001 में हॉलीवुड में अपना करियर शुरू किया, टेलीविजन श्रृंखला और फिल्मों में छोटी भूमिकाएं कीं। वह सिटकॉम होप एंड फेथ पर एक आवर्ती चरित्र थी। 2004 में, उन्होंने कन्फेशंस ऑफ़ ए टीनएज ड्रामा क्वीन, एक किशोर कॉमेडी में अपनी सिनेमाई शुरुआत की। प्रसिद्ध का उनका असली दावा शिया ला बियॉफ़ के साथ ट्रांसफॉर्मर्स में उनका 2007 का कैमियो था। वह एक तेजस्वी महिला है!

केट अप्टन

स्पोर्ट्स इलस्ट्रेटेड के स्विमसूट मुद्दे में प्रदर्शित होने के बाद 2011 में केट अप्टन को "रूकी ऑफ द ईयर" नामित किया गया था। उस जीत के बाद, उन्हें अगले दो वर्षों में पत्रिका के कवर पर दो बार और दिखाया गया। उन प्रतिष्ठित पलों के अलावा, वह वैनिटी फेयर के 100वें वर्षगांठ संस्करण के कवर पर भी रही हैं।

एड्रियाना लीमा

हमें संदेह है कि इस नाम को सूची में देखकर कोई भी हैरान है! एड्रियाना लीमा एक ब्राज़ीलियाई मॉडल है जो विक्टोरिया सीक्रेट एंजल के रूप में प्रसिद्ध हुई। 2003 से 2009 तक, वह अधोवस्त्र कंपनी के साथ अपनी स्थिति के अलावा मेबेलिन कॉस्मेटिक्स प्रवक्ता थीं। यह तथ्य कि उसने 15 साल की उम्र में मॉडलिंग शुरू कर दी थी, हमें चकित करती है। वर्तमान में उसकी अनुमानित कुल संपत्ति $ 85 मिलियन है।

ज़ो सोलदाना

इस अभिनेत्री ने अपने करियर की शुरुआत थिएटर कंपनी फेसेस के साथ परफॉर्म करके की थी। उन्होंने 1999 में लोकप्रिय कानूनी नाटक लॉ एंड ऑर्डर में अपनी शुरुआत की। एक साल बाद, उन्हें फिल्म सेंटर स्टेज में एक संघर्षरत बैलेरीना के रूप में लिया गया। वह वर्षों से कई फिल्मों में दिखाई दी हैं! अवतार और एवेंजर्स: एंडगेम दो सबसे बड़े होने चाहिए।

गैल गैडोट

क्या आपने देखा है कि हाल ही में गैल गैडोट ने कितना ध्यान आकर्षित किया है? उसने इज़राइली रक्षा बलों के लिए एक सैन्य प्रशिक्षक के रूप में काम किया, 2004 में मिस इज़राइल जीता, और मॉडलिंग के दौरान अंतरराष्ट्रीय कनेक्शन का पीछा किया! क्या ऐसा कुछ है जो वह पूरा नहीं कर सकती? हमें अपनी शंका होने लगी है। वह वैश्विक मंच पर प्रमुखता से उभरीं, हालांकि, जब उन्होंने वंडर वुमन में मुख्य भूमिका निभाई। उसने अब खुशी-खुशी एक व्यवसायी यारोन वर्सानो से शादी कर ली है।

लिंडा कार्टर

हम पहले ही वंडर वुमन पर चर्चा कर चुके हैं, इसलिए अब लिंडा कार्टर पर चर्चा करने का एक अच्छा अवसर है! आखिरकार, उन्होंने 1975 से 1979 तक सुपरहीरोइन की भूमिका निभाई। वह एक मॉडल, गायिका-गीतकार और अभिनेत्री होने के साथ-साथ एक ब्यूटी क्वीन भी हैं। हमें यह जानकर आश्चर्य होता है कि वह एक मुखर एलजीबीटी अधिकार कार्यकर्ता हैं, जिन्होंने कई वर्षों में कई गौरव परेडों में भाग लिया है। वास्तव में, 2011 में, उन्होंने फीनिक्स प्राइड परेड और न्यूयॉर्क प्राइड परेड दोनों में ग्रैंड मार्शल के रूप में काम किया।

निकोल शेअर्जिंगर

निकोल शेर्ज़िंगर ने अपने करियर की शुरुआत पॉप ग्रुप डेज़ ऑफ़ द न्यू के सदस्य के रूप में की थी। बाद में वह ईडन क्रश और फिर पुसीकैट डॉल्स में शामिल हो गई। वह 2003 से 2010 तक पिछले एक की सदस्य थीं। वह न केवल एक गायिका हैं, बल्कि एक अभिनेता,

एक टीवी व्यक्तित्व और एक नर्तकी भी हैं। 2004 से, उन्होंने द एक्स फैक्टर यूएसए में जज के रूप में काम किया है!

सिंडी क्रॉफर्ड

अपने होठों पर तिल होने के लिए प्रसिद्ध सुपर मॉडल कौन है? सिंडी क्रॉफर्ड, सटीक होने के लिए! स्टॉर्म मॉडल एजेंसी, जो केट मॉस का भी प्रतिनिधित्व करती है, ने इस प्यारी महिला को साइन किया। वह हमेशा ल्यूकेमिया जागरूकता को बढ़ावा देने के बारे में चिंतित रही हैं। यह उसके लिए एक संवेदनशील विषय है क्योंकि उसके भाई की बीमारी से मृत्यु हो गई थी जब वह सिर्फ दस वर्ष की थी।

ब्रुक शील्ड्स

हम विश्वास नहीं कर सकते कि ब्रुक शील्ड्स एक घरेलू हस्ती बन गईं जब वह मुश्किल से किशोरी थीं। वह 12 साल की थी जब उसे एक विवादास्पद लुई माले फिल्म, प्रिटी बेबी में मुख्य भूमिका के लिए चुना गया था। उन्होंने फिल्म में न्यू ऑरलियन्स की एक बाल वेश्या का किरदार निभाया था। एक समय उसकी और आंद्रे अगासी की शादी हुई थी, लेकिन अब ऐसा नहीं है। क्रिस हेनची अब उनके सुखी विवाहित पति हैं!

एलिज़ाबेथ शु

अगर आपने कराटे किड देखी है तो आप कैसे भूल सकते हैं कि एलिजाबेथ शु कौन है? वह तब से कई अन्य फिल्मों में दिखाई दी हैं, जिनमें बैक टू द फ्यूचर II, बैक टू द फ्यूचर III और कॉकटेल शामिल हैं। अभिनेत्री को पहले गोल्डन ग्लोब, ऑस्कर और बाफ्टा के लिए नामांकित किया जा चुका है। वह हाल ही में टेलीविजन श्रृंखला द बॉयज़ में दिखाई दीं।

पामेला एंडरसन

हालाँकि उसने पूरे साल अन्य प्रोजेक्ट्स पर काम किया है, लेकिन पामेला एंडरसन हमेशा बेवॉच के साथ जुड़ी रहेंगी। उन्होंने 90 के दशक के लोकप्रिय कार्यक्रम में सीजे पार्कर की भूमिका निभाई! इसके अलावा वह प्लेबॉय के लिए भी पोज दे चुकी हैं। वह अब 50 के दशक में है और उसने कभी शादी नहीं की है, लेकिन टॉमी ली के साथ उसके दो बच्चे हैं। वह अब PETA की सदस्य हैं और पशु कल्याण की वकालत करती हैं।

कैथरीन बेल

कैथरीन बेल ने जेएजी पर लेफ्टिनेंट कर्नल सारा मैकेंजी की भूमिका निभाई। वह शो में अपने समय के बाद एक और सैन्य टीवी शो में दिखाई दीं। इस बार, उन्होंने आर्मी वाइव्स में डेनिस शेरवुड की भूमिका निभाई। हाल के उपक्रमों के संदर्भ में, अभिनेत्री ने द गुड विच में कैसी नाइटिंगेल की भूमिका भी निभाई है।

ओलिविया न्यूटन-जॉन

हम आप पर विश्वास नहीं करेंगे यदि आप कहते हैं कि आप नहीं जानते कि ओलिवा न्यूटन-जॉन कौन है! वह एक कुशल अभिनेत्री और गायिका हैं जिन्होंने खुद को एक कार्यकर्ता और उद्यमी के रूप में भी स्थापित किया है। उसने पहले चार ग्रैमी, दो नंबर-एक

बिलबोर्ड 200 एल्बम और पांच नंबर-एक बिलबोर्ड हॉट 100 एकल जीते हैं।

इस दिन और उम्र में रिहाना की तुलना में अधिक प्रतिभाशाली कलाकार के बारे में सोचना मुश्किल है। उन्होंने विभिन्न शैलियों और शैलियों में संगीत तैयार किया है। इसके अलावा, लोग वर्षों से उसकी लगातार बदलती उपस्थिति को देखने का आनंद लेते हैं। 250 मिलियन एल्बम की बिक्री के साथ वह वर्तमान में दुनिया की सातवीं सबसे अधिक बिकने वाली संगीतकार हैं। इसके अलावा, उसकी वर्तमान कुल संपत्ति लगभग $ 600 मिलियन आंकी गई है।

कैरोलीन मुनरो

क्या आपको याद है कि आपने इस अभिनेता को किन फिल्मों में देखा है? कैरोलिन मुनरो कुछ नाम रखने के लिए डरावनी, विज्ञान-फाई और एक्शन फिल्मों में एक स्थिरता थी। अगर आपको ये जवाब याद नहीं हैं तो आइए हम आपको इनके जवाब बताते हैं। अभिनेत्री कई फिल्मों में दिखाई दी, जिनमें द गोल्डन वॉयज ऑफ सिनबाद, स्टारक्रैश और द स्पाई हू लव्ड मी शामिल हैं।

लिसा बोने

क्या इससे ज्यादा खूबसूरत कोई है? लिसा बोनेट उस अभिनेत्री के रूप में प्रमुखता से उभरीं, जिन्होंने द कॉस्बी शो और ए डिफरेंट वर्ल्ड में डेनिस हक्सटेबल की भूमिका निभाई। उनकी सबसे हालिया अभिनय भूमिका 2016 की तस्वीर रे डोनोवन में थी। मजेदार तथ्य: अभिनेत्री और अभिनेता जेसन मोमोआ ने 2005 में शादी की।

लोरेटा स्विट

यदि आपने एम * ए * एस * एच देखा है, तो आप शायद जानते हैं कि लोरेटा स्विट ने शो में मार्गरेट "हॉट लिप्स" हुलिहान को चित्रित किया था। हमें संदेह है कि आप इसे कभी नहीं भूलेंगे! शो समाप्त होने के बाद उसने कुछ और अभिनय भूमिकाएँ निभाई। वह अब एक ज्वेलरी बुटीक की मालिक है और एक पशु अधिकार कार्यकर्ता है। क्या यह आश्चर्यजनक नहीं है?

चेरिल टाईग्स

1978 में, चेरिल ने पहली बार स्पोर्ट्स इलस्ट्रेटेड के लिए एक स्विमसूट में पोज़ दिया - क्या आप विश्वास कर सकते हैं कि 40 साल हो चुके हैं? जैसा कि प्रत्याशित था, चेरिल के मॉडलिंग करियर ने वहीं से उड़ान भरी। वह एसआई स्प्रेड के अलावा चार बार पीपल के कवर पेज पर नजर आई हैं। 2012 में, उन्हें पुरुषों के स्वास्थ्य द्वारा सभी समय की शीर्ष 100 सबसे हॉट महिलाओं की सूची में शामिल किया गया था। हालाँकि, वह अपने परोपकार के लिए सबसे प्रिय है। अतीत में, उसने पर्यावरण की रक्षा, प्रजनन अधिकार और अन्य महत्वपूर्ण चीजों के बारे में बात की थी।

एम्मा स्टोन

एम्मा स्टोन इस समय सबसे अधिक पसंद की जाने वाली अभिनेत्रियों में से एक बन गई हैं। उनकी सबसे प्रसिद्ध भूमिकाएँ ला ला लैंड , ज़ोम्बीलैंड और इज़ी ए में थीं। अब तक, अमेरिकी अभिनेत्री ने 20 से अधिक पुरस्कार जीते हैं, जिसमें सर्वश्रेष्ठ अभिनेत्री के लिए अकादमी पुरस्कार, सर्वश्रेष्ठ अभिनेत्री के लिए गोल्डन ग्लोब और एक में उत्कृष्ट महिला अभिनेता शामिल हैं। लीडिंग रोल स्क्रीन एक्टर्स गिल्ड अवार्ड। वह 2017 में दुनिया की सबसे अधिक भुगतान पाने वाली अभिनेत्री भी थीं!